Das Vorsorge-Set

Das Vorsorge-Set

Patientenverfügung

Testament

Betreuungsverfügung

Vorsorgevollmacht

Ruth Bohnenkamp

Simone Weidner

Inhalt

Sie können die Formulare auch kostenlos online ausfüllen. Den Link und einen QR-Code finden Sie auf Seite 97.

Wer braucht was?

Je nach Alter, Lebens- und Vermögenslage besteht unterschiedlicher Regelungsbedarf beim Thema Vorsorge. Im Folgenden können Sie sich grob orientieren. Sie sehen, was Sie möglichst schnell in Angriff nehmen sollten – und bei welchen Punkten nicht zwingend Handlungsbedarf besteht.

Paare ohne Trauschein, keine Kinder

Vorsorgevollmacht: ein Muss, denn Zusammenlebende vertreten sich nicht automatisch gegenseitig
Betreuungsverfügung: ratsam als zusätzliche Absicherung
Patientenverfügung: ratsam, kein Muss
Testament: notwendig, falls gesetzliche Erben (Eltern bzw. Geschwister) nicht erben sollen

Verheiratete und eingetragene Lebenspartner, keine Kinder

Vorsorgevollmacht: ein Muss, denn Verheiratete bzw. eingetragene Partner vertreten sich nicht automatisch gegenseitig
Betreuungsverfügung: ratsam als zusätzliche Absicherung
Patientenverfügung: ratsam, kein Muss
Testament: sinnvoll, um den Partner umfassend abzusichern

Verheiratete und Paare ohne Trauschein mit gemeinsamen Kindern

Vorsorgevollmacht: ein Muss, denn zusammenlebende Eltern – verheiratet oder unverheiratet – vertreten sich nicht automatisch gegenseitig
Betreuungsverfügung: ratsam als zusätzliche Absicherung
Patientenverfügung: ratsam, kein Muss
Testament: notwendig, falls Partner umfassend abgesichert und Kinder zunächst von der Erbfolge ausgeschlossen werden sollen
Sorgerechtsverfügung: bei minderjährigen Kindern ratsam, damit eine Vertrauensperson beim Tod beider Elternteile Vormund wird

Patchwork-Familien

Vorsorgevollmacht: ein Muss, denn Zusammenlebende vertreten sich nicht automatisch gegenseitig
Betreuungsverfügung: ratsam, dient als zusätzliche Sicherheit
Patientenverfügung: ratsam, kein Muss
Testament: ein Muss, falls alle Kinder möglichst gleich behandelt werden sollen
Sorgerechtsverfügung: bei minderjährigen Kindern ratsam, damit eine Vertrauensperson beim Tod beider Elternteile Vormund wird

Alleinstehende mit Vertrauensperson

Vorsorgevollmacht: ein Muss für alle, die einer nahestehenden Person (z. B. gute Freunde, Geschwister etc.) uneingeschränkt vertrauen können
Betreuungsverfügung: ratsam, dient der zusätzlichen Absicherung
Patientenverfügung: ratsam, kein Muss
Testament: notwendig, falls gesetzliche Erben (z. B. Geschwister, Nichten, Neffen) nicht erben sollen

Alleinstehende ohne Vertrauensperson

Vorsorgevollmacht: nein, da dafür eine Vertrauensperson nötig ist
Betreuungsverfügung: ein Muss, denn andernfalls bestimmt das Gericht einen Betreuer
Patientenverfügung: ratsam, insbesondere für ältere Menschen, damit die eigenen Wünsche und Vorstellungen möglichst zur Geltung kommen
Testament: notwendig, falls andere Erben als Eltern bzw. Geschwister oder andere Verwandte gewünscht sind

Alleinerziehende[1]

Vorsorgevollmacht: ein Muss, da andernfalls das Gericht einen Betreuer bestimmt
Betreuungsverfügung: ratsam, dient als zusätzliche Sicherheit
Patientenverfügung: ratsam, kein Muss
Testament: notwendig, falls andere Erben als die Kinder gewünscht sind
Sorgerechtsverfügung: bei minderjährigen Kindern ratsam, insbesondere falls der andere Elternteil keinen Kontakt zum Kind hat

1) Haben Alleinerziehende keine Vertrauensperson, gelten für die Punkte „Vorsorgevollmacht" und „Betreuungsverfügung" die gleichen Empfehlungen wie bei „Alleinstehenden ohne Vertrauensperson".

Kurzratgeber

Vorsorgevollmacht, Betreuungsverfügung, Patientenverfügung –
welche Verfügung leistet was und welche davon brauche ich
eigentlich? In diesem einleitenden Kurzratgeber können Sie sich
schnell einen ersten Überblick rund um das Thema rechtliche
Vorsorge verschaffen. Sie bekommen kurze Antworten auf die
wichtigsten Fragen und erfahren, in welcher Lebenssituation
welche rechtliche Vorsorge ein Muss und welche ratsam ist.

Antworten auf die 15 wichtigsten Fragen

„Ich sollte mich mal drum kümmern", antworten viele, wenn es um die rechtliche Vorsorge geht, und schieben das ungeliebte Thema vor sich her. Wir möchten Sie ermutigen, die Sache beherzt anzugehen. Packen Sie's an! Nur so schaffen Sie Sicherheit für den Ernstfall. Für die Lektüre des Kurzratgebers mit den Antworten zu den 15 wichtigsten Fragen benötigen Sie nur 15 Minuten.

Frage 1:
Was ist eine Vorsorgevollmacht?

Eine Vorsorgevollmacht ist eine besondere Art der Vollmacht. In einer Vorsorgevollmacht können Sie eine andere Person benennen, die alle Aufgaben für Sie erledigen und rechtsverbindliche Erklärungen für Sie abgeben darf, wenn Sie das selbst nicht mehr können. Rechtlich gesehen ist eine Vorsorgevollmacht ein Auftrag.

Frage 2:
Warum brauche ich eine Vorsorgevollmacht?

Um zu verhindern, dass ein Richter, der Sie nicht kennt und den Sie nicht kennen, Sie angehende Entscheidungen trifft, falls Sie selbst dazu nicht mehr in der Lage sein sollten.

Ein Unfall, infolge dessen Sie bewusstlos sind, oder eine schwere Krankheit können schlagartig Ihr Leben verändern – egal in welchem Alter. Deshalb sollte jeder Mensch ab 18 Jahren sicherstellen, dass eine Person seines Vertrauens in seinem Sinn über Eingriffe der Ärzte, medizinische Behandlungen, Regelungen zu seinem Vermögen, zum Ort seines Aufenthalts und zu anderen wichtigen Fragen entscheidet, falls er dies selbst nicht mehr kann. Bis zum Eintritt der Volljährigkeit entscheiden automatisch die Eltern. Danach ist Schluss damit, auch wenn der Nachwuchs noch zu Hause wohnt. Nicht einmal Ihr Ehepartner oder nahe Verwandte dürfen einfach so Ihre Angelegenheiten für Sie regeln. Das geht nur, wenn Sie sie vorher bevollmächtigt haben. Mit einer umfassenden Vorsorgevollmacht, in der Sie eine oder mehrere Personen Ihres Vertrauens benennen, können Sie sicherstellen, dass diese für Sie entscheiden, nicht ein Gericht. Diese Person ist dann Ihr Vertreter beispielsweise gegenüber der Bank, der Krankenkasse oder gegenüber Ärzten. Wie Sie eine solche Vollmacht erteilen und was Sie darin im Einzelnen regeln können, können Sie ab Seite 19 nachlesen. Dort finden Sie auch die Ausfüllhilfen für die im hinteren Teil vorbereiteten Formulare.

Frage 3:
Kann der Vorsorgebevollmächtigte auf mein Konto zugreifen?

Nicht in jedem Fall, denn oftmals weigern sich Kreditinstitute und Sparkassen, allgemeine und umfassende Vorsorgevollmachten, die auch den Zugriff auf das Bankkonto regeln, zu akzeptieren. Das kann Ihrem Bevollmächtigter Stress machen, wenn er dringend Geld von Ihrem Bankkonto abheben müsste, um zum Beispiel eine an Sie gerichtete Rechnung zu begleichen. Wichtig ist daher, dass Sie bei Ihren Kreditinstituten klären, ob sie Ihre allgemeine Vorsorgevollmacht akzeptieren. Falls nicht, sollten Sie einer Person Ihres Vertrauens eine Bankvollmacht für den Betreuungsfall erteilen. Ratsam ist, dass die Vollmacht über den Tod hinausgeht. Weitere Infos zur Bankvollmacht lesen Sie ab Seite 31.

Frage 4:
Muss der Bevollmächtigte bestimmte Voraussetzungen erfüllen?

Der Mensch, den Sie in einer Vorsorgevollmacht bevollmächtigen, muss Ihr uneingeschränktes Vertrauen genießen. Außerdem sollte er in der Lage sein, Ihre Interessen durchzusetzen. Als Ihr Vertreter gegenüber Ärzten, Behörden oder Vermietern muss er unter Umständen auch schwierige Situationen meistern und weitreichende Entscheidungen für Sie treffen. Mehr dazu siehe Seite 20.

Frage 5:
Brauche ich auch eine Betreuungsverfügung?

Wenn Sie eine Vorsorgevollmacht erteilen, ist eine Betreuungsverfügung nicht zwingend notwendig, aber ratsam. Sie dient Ihrer zusätzlichen Sicherheit – wie ein Netz mit doppeltem Boden. Der Grund: Sollte der von Ihnen in der Vorsorgevollmacht benannte Bevollmächtigte – aus welchen Gründen auch immer – das Amt nicht übernehmen können oder wollen, stehen Sie quasi ohne Bevollmächtigten da, wenn Sie nicht mehrere Personen benannt haben. Die Folge: Das Gericht wird eingeschaltet. Es bestimmt einen Betreuer für Sie, der Sie vielleicht nicht kennt und den Sie nicht kennen. In einer Betreuungsverfügung können Sie festlegen, wen das Gericht in einem solchen Fall als Ihren Betreuer einschalten soll. Weitere Einzelheiten können Sie ab Seite 41 nachlesen. Dort finden Sie auch nützliche Ausfüllhilfen für die im hinteren Teil vorbereiteten Formulare.

Frage 6:
Was mache ich, wenn ich alleinstehend bin und keine Vertrauensperson habe?

Suchen Sie rechtzeitig eine Vertrauensperson, der Sie eine Betreuungsverfügung erteilen können. Sie haben dafür vielfältige Möglichkeiten. Betreuungsvereine, Wohlfahrtsverbände, Kirchen und letztlich auch Anwälte, die von Berufs wegen Betreuungen übernehmen, stehen als Ansprechpartner zur Verfügung. Je eher Sie Kontakt aufnehmen, desto größer die Wahrscheinlichkeit, dass Sie in guten Zeiten Vertrauen zu der benannten Person aufbauen und diese Ihre Einstellungen und Wünsche kennt. Weitere Informationen finden Sie auf Seite 43.

Frage 7:
Wie kann ich sicherstellen, dass meine Kinder im Ernstfall versorgt sind?

Für den Fall, dass beide Eltern noch minderjähriger Kinder gleichzeitig versterben, lässt sich mithilfe einer Sorgerechtsverfügung vorsorgen. Darin schlagen Sie einen Vormund für Ihre Kinder vor, der im Todesfall an Ihre Stelle tritt und sich um die persönlichen und wirtschaftlichen Belange Ihrer Kinder kümmert. Denn sterben beide Elternteile, geht das Sorgerecht nicht automatisch an Tanten, Onkel oder andere nahe Verwandte. Anders als viele meinen, hat auch eine kirchliche Patenschaft keinerlei Einfluss auf das Sorgerecht. Nahe Verwandte sind zwar meist die ersten Ansprechpartner für die Gerichte. Allerdings können sie auch einen Fremden als Vormund einsetzen. Aus diesem Grund ist es für alle Eltern minderjähriger Kinder ratsam, in einer Sorgerechtsverfügung eine Person des Vertrauens zum Vormund zu bestimmen. Weitere Informationen lesen Sie auf Seite 85.

Frage 8:
Für welche Situation ist eine Patientenverfügung sinnvoll?

Mit einer Patientenverfügung sorgen Sie für den Fall vor, dass Sie nicht mehr in der Lage sind, medizinischen Maßnahmen zuzustimmen oder sie abzulehnen – in Todesnähe, bei unheilbarer Krankheit im Endstadium, bei Hirnschädigung oder Hirnabbau. In einer Patientenverfügung regeln Sie, welche lebenserhaltenden Maßnahmen Sie dann wünschen und welche nicht. Ärzte müssen sich an Ihren Wunsch halten. Wenn Sie die Gesundheitsfürsorge auf Ihren Bevollmäch-tigten übertragen, dient die Patienten-verfügung auch zur Entlastung Ihres Bevollmächtigten. Er kann dann im Ernstfall auf Ihre Patientenverfügung verweisen. Wichtig ist, dass Sie eine Patientenverfügung so konkret wie mög-lich formulieren. Wie Sie dabei am bes-ten vorgehen, können Sie ausführlich ab Seite 57 nachlesen. Dort finden Sie auch Ausfüllhilfen für das Formular zur Patien-tenverfügung im Serviceteil dieses Rat-gebers.

Frage 9:
Wie orientiere ich mich zu der Frage: Organspende – ja oder nein?

Medienberichte über Skandale rund um Organspenden haben viele Menschen stark verunsichert. Wer selbst einen le-bensgefährlich erkrankten Angehörigen hat, der dringend auf eine Organspende wartet, ist froh und dankbar, wenn sich ein Spender findet. Aber selbst einen solchen Ausweis ausfüllen? Mit dieser Frage tun sich viele Menschen heute schwer. Wie auch bei der Patientenver-fügung muss jeder selbst für sich ent-scheiden, ob und in welchem Umfang er im Todesfall einer Organentnahme zu-stimmt oder diese ablehnt. Orientierung und Hilfe bei der Entscheidung finden Sie auf Seite 70.

Frage 10:
Warum ist es wichtig, sich Gedanken über die Nachlassplanung zu machen?

Damit Sie selbst entscheiden, wer Ihre Erben sind. Wenn Sie kein Testament ha-ben, greift die gesetzliche Erbfolge. Sie führt oftmals dazu, dass mehrere Erben mit unterschiedlichen Quoten erben und alle zusammen eine Erbengemeinschaft bilden. Diese hat den Nachteil, dass alle Miterben grundsätzlich gemeinsam ent-scheiden müssen, was oft zu Streit führt. Um solche Streitereien zu verhindern, sollten Sie auch das Thema Nachlasspla-nung nicht auf die lange Bank schieben.

Warum sollten Sie den Gesetzgeber aus dem Jahr 1900 walten lassen, der sicher andere Vorstellungen als Sie hatte, wenn Sie doch selbst bestimmen können, wer Sie beerben soll? Weitere Einzelheiten und Muster für Testamente finden Sie ab Seite 73.

Frage 11:
Sollte ich mich auch um meinen Nachlass im Internet kümmern?

Das ist dringend zu empfehlen, denn viele online geschlossene Verträge gehen mit dem Tod des Nutzers automatisch auf die Erben über. Ohne Passwörter und Benutzernamen haben sie es sehr schwer, sich einen Überblick über online geschlossene Verträge zu verschaffen und diese gegebenenfalls zu kündigen. Wichtig ist es daher, am besten im Testament sämtliche Verträge und Zugangsdaten aufzulisten. Das erspart den künftigen Erben viel Stress beim aufwendigen Suchen. Mehr dazu siehe Seite 87.

Frage 12:
Ist es sinnvoll, einen Notar für die Regelung der Vorsorge aufzusuchen?

Es ist nicht zwingend notwendig, einen Notar aufzusuchen. Vorsorgevollmacht, Betreuungs- und Patientenverfügung sind ohne die Einschaltung eines Notars wirksam. Soll Ihr Bevollmächtigter jedoch in der Lage sein, ein Grundstück für Sie zu veräußern oder Kredite für Sie aufzunehmen, ist es ratsam, einen Notar mit der Beurkundung der Vorsorgevollmacht zu beauftragen. Wenn Sie über ein großes Vermögen verfügen oder mehrere Personen bevollmächtigen möchten, ist die Beurkundung ebenfalls empfehlenswert. So gibt es keinen Zweifel über die Gültigkeit. Gut angelegt ist das Geld für einen Notar auch, wenn Sie unsicher sind, ob Sie alles richtig machen oder noch viele Fragen zu dem Thema Vorsorge haben. Der Notar ist gesetzlich verpflichtet, Sie umfassend aufzuklären und Ihre Fragen zu beantworten. Mehr dazu siehe Seite 36.

Frage 13:
Brauche ich für ein Testament die Hilfe eines Notars?

Auch für Ihr Testament benötigen Sie nicht unbedingt die Unterstützung eines Notars. Aber auch hierbei gilt: Der Notar muss Sie über die Folgen Ihrer gewünschten Regelungen ausführlich belehren. Weiterer Vorteil: Hat er sein Siegel unter das Testament gesetzt, ist die Gefahr äußerst gering, dass Ihr letzter Wille wegen Formmängeln unwirksam sein könnte. Darüber hinaus hat ein notarielles Testament gegenüber einem handschriftlichen den Vorteil, dass Sie Ihren künftigen Erben oftmals den Antrag auf Erteilung eines Erbscheins sowie die damit zusammenhängenden Kosten ersparen. Das an den Notar gezahlte Honorar für die Beurkundung des Testaments kommt dann letztlich Ihren Erben zugute. Einzelheiten dazu siehe Seite 81.

Frage 14:
Wo bewahre ich meine Dokumente auf, damit sie gefunden werden?

Die Originale bewahren Sie am besten in einem Notfallordner in Ihrer Wohnung auf, dessen Standort Ihr Bevollmächtigter kennt. Ratsam ist es, dem Bevollmächtigten Kopien aller Unterlagen auszuhändigen. Ihre Patientenverfügung sollte auch Ihr Hausarzt kennen, dem Sie am besten ebenfalls eine Kopie für Ihre Krankenakte übergeben. Schließlich besteht die Möglichkeit, Vorsorgevollmachten und Betreuungsverfügungen gegen eine einmalige Gebühr beim Zentralen Vorsorgeregister (www.vorsorgeregister. de) erfassen zu lassen. Das hat den Vorteil, dass die Betreuungsgerichte darauf zugreifen können, wenn es darum geht festzustellen, wer für Sie Entscheidungen treffen kann.

Beim Testament gilt: Wenn Sie es ohne notarielle Hilfe verfassen, empfiehlt es sich, es gegen eine einmalige Gebühr beim zuständigen Amtsgericht zu hinterlegen. Dadurch stellen Sie sicher, dass es niemals verloren gehen kann. Weitere Einzelheiten zur Aufbewahrung der Dokumente finden Sie in den jeweiligen Kapiteln.

Frage 15:
Kann ich meine Regelungen später noch ändern oder widerrufen?

Vorsorgevollmacht, Betreuungsverfügung und Patientenverfügung können jederzeit geändert werden und sind frei widerrufbar. Hat ein Notar die Verfügungen beurkundet, sollten Sie ihm den Widerruf am besten schriftlich mitteilen. Auch Testamente sind frei widerrufbar – Einschränkungen gibt es allerdings bei gemeinschaftlichen Testamenten von Ehegatten und eingetragenen Partnerschaften, wenn einer der Partner bereits verstorben ist. Dann kann der überlebende Partner die getroffenen Regelungen oftmals nicht mehr ändern.

So regeln Sie Schritt für Schritt Ihre Zukunft

1 **Eigene Lebenslage einschätzen.** Wo stehe ich persönlich im Augenblick? Wie schätze ich meine aktuelle Lebenssituation ein? Welchen Menschen in meiner Familie, in meinem Umfeld vertraue ich am meisten? – Das sind Fragen, die zu Beginn der Überlegungen rund um das Thema Vorsorge jeder für sich klären sollte. Von den Antworten hängt ab, welche Personen als Bevollmächtigte in Frage kommen und wie weit der Regelungsinhalt der Vollmacht gehen sollte. Dabei gilt: Je größer das Vertrauen zu den Bevollmächtigten, desto weitreichender kann die Vollmacht gestaltet werden.

2 **Fragen klären.** Stellen Sie sich für diese Überlegungen beispielsweise auch die folgenden Fragen:

→ Wer soll im Notfall sofort benachrichtigt werden, wenn ich nicht mehr ansprechbar bin?

→ Wer entscheidet dann, welche ärztlichen Behandlungen und Operationen notwendig sind, und setzt das gegenüber Ärzten durch?

→ Wer kümmert sich um meine Bankgeschäfte, wenn ich es nicht mehr kann?

→ Wer verwaltet mein Vermögen?

→ Wo wohne ich, wenn ich mich schlecht bewegen kann?

→ Wer sucht bei Bedarf eine häusliche Pflege oder einen Platz im Seniorenheim?

→ Wer kündigt meinen Mietvertrag, wenn ich umziehen muss?

→ Wer kümmert sich um rechtliche Belange und den Schriftverkehr mit dem Rentenversicherer, der Kranken- oder Pflegekasse?

→ Wer entscheidet über geschäftliche Angelegenheiten?

3 **Informationen sammeln.**   Vorsorge, das heißt zu guten Zeiten Regelungen zu treffen, die im Fall der eigenen Handlungs- und Entscheidungsunfähigkeit gelten, ist kein Thema, das man mal eben schnell und nebenher erledigt. Ein Rat: Holen Sie Informationen ein, und nehmen Sie sich Zeit, sich eine eigene Meinung zu bilden, insbesondere zu der Frage, ob Sie eine Patientenverfügung anfertigen und ob Sie sich bereit erklären, im Todesfall Organe zu spenden. Die Entscheidung müssen Sie persönlich für sich treffen.

4 **Nachlass regeln.**   Auch bei Ihrer Nachlassplanung müssen Sie sich Zeit nehmen. Zunächst sollten Sie klären, was gilt, wenn Sie keine Regelungen vornehmen, also die gesetzliche Erbfolge greift. Ausgehend davon machen Sie sich immer mal wieder Gedanken, wen Sie als Erben wünschen, was Sie einzelnen Personen zuwenden möchten, bevor Sie Ihren letzten Willen festlegen.

5 **Mit Bevollmächtigten sprechen.**   Wichtig ist, dass Sie die Person Ihres Vertrauens fragen, ob sie bereit ist, das Amt zu übernehmen, und es sich auch zutraut, die Sie angehenden Entscheidungen an Ihrer Stelle zu treffen. Ein Rat: Drängen Sie niemanden, die Aufgabe zu übernehmen. Der Bevollmächtigte sollte in jedem Fall den Inhalt der Vollmacht und möglichst auch Ihre Einstellungen kennen. Denn eines steht fest: Je besser Ihr Bevollmächtigter Sie und den Inhalt Ihrer Vollmacht kennt, desto besser kann er in Ihrem Sinne handeln.

Vorsorgevoll-
macht

Besonders bei Verheirateten existiert häufig die Vorstellung, als Ehepartner dürfe man stellvertretend für den anderen alle Entscheidungen treffen, wenn er das nicht kann. Aber weder Ehepartner noch erwachsene Kinder können automatisch, nur weil sie eng verbunden sind, für einen Erkrankten sprechen. Dazu müssen sie extra legitimiert sein – durch eine Vorsorgevollmacht oder den Status des rechtlichen Betreuers. In diesem Kapitel finden Sie alle nötigen Informationen dazu.

Wegweiser durch die Vorsorgevollmacht

Nehmen Sie sich Zeit, um das Formular in Ruhe auszufüllen. Sie müssen angeben, wen Sie bevollmächtigen, und bei verschiedenen Fragen bei „Ja" oder „Nein" ein Kreuz machen. Damit Sie die richtigen Entscheidungen für sich treffen, lesen Sie zunächst die jeweiligen Erläuterungen.

Die wichtigsten Fragen

Muss der Bevollmächtigte bestimmte Voraussetzungen erfüllen?

Ja. Die wichtigste Voraussetzung ist, dass der Bevollmächtigte Ihr uneingeschränktes Vertrauen genießt. Bedenken Sie, dass er Sie im Ernstfall bei allen wichtigen Entscheidungen vertreten soll – zum Beispiel bei medizinischer Behandlung, der Wahl Ihres Aufenthaltsortes oder bei Bank- und Geldgeschäften. Er sollte daher in der Lage sein, mit Ärzten Entscheidungen für Sie zu treffen, vor Gericht Anträge zu stellen und bei der Kranken- und Pflegeversicherung Leistungen zu beantragen. Er muss gegebenenfalls Ihr Vermögen verwalten, vielleicht Ihr Haus oder Ihre Eigentumswohnung verkaufen.

Er sollte zumindest wissen, bei welchen Personen und Behörden er sich in solchen Fällen Hilfe holen kann. Neben Vertrauen ist es daher wichtig, dass der Bevollmächtigte weiß, welche Verantwortung er übernehmen soll. Ihm sollte auch klar sein, dass mit der Aufgabe ein erheblicher Zeitaufwand verbunden sein kann.

Tipp: Erklären Sie Ihrem potenziell ins Auge gefassten Bevollmächtigten, worum es bei der Aufgabe geht. Versuchen Sie nicht, jemanden zur Ausübung der Vollmacht zu drängen. Wichtig ist, dass er die Verantwortung für Sie erkennt und freiwillig übernimmt.

Kann ich einzelne Aufgabenbereiche speziell einzelnen Bevollmächtigten zuordnen?

Ja, das ist möglich und in vielen Fällen sinnvoll.

Beispiel: Ein Ehepaar hat einen Sohn, der in einer Bank arbeitet, und eine Tochter, die Krankenschwester ist. Der Sohn kann sich aus Zeitgründen eine Vertretung in Gesundheitsfragen nicht vorstellen, die Tochter meint, sie sei keine Expertin in Finanzfragen. In diesem Fall ist es naheliegend, dass der Sohn eher alle vermögensrechtlichen Belange für seine Eltern klärt und die Tochter sich um die medizinischen und pflegerischen Entscheidungen kümmert.

Tipp: Aus praktischen Gesichtspunkten ist es ratsam, für jeden Bevollmächtigten eine Vorsorgevollmacht auszustellen, in der die Aufgabenbereiche klar benannt sind. Dann kann der Bevollmächtigte im Außenverhältnis uneingeschränkt handeln. Im Innenverhältnis lassen sich dann gegebenenfalls noch Einzelheiten zum Gebrauch der Vollmacht und zum Verhältnis der Bevollmächtigten untereinander regeln.

Was ist eine Innenverhältnisregelung und warum ist eine solche Regelung oft sinnvoll?

Bei der Vorsorgevollmacht gibt es ein Außen- und ein Innenverhältnis. Vollmachtgeber sollten genau klären, was Bevollmächtigte können – und was sie dürfen.

In jeder Lebenslage den Richtigen bevollmächtigen

Je nach Alter und persönlicher Lebenssituation kommen unterschiedliche Personen als Bevollmächtigte infrage.

Persönliche Situation	Tipps für die Wahl des/der Bevollmächtigten
Junge Singles	Eltern und Geschwister
Junge Paare ohne Kinder	Partner und Eltern
Alleinerziehende mit minderjährigen Kindern	Eltern, Geschwister, gute Freunde in der Nähe
Paare mittleren Alters mit minderjährigen Kindern	Partner und gute Freunde
Paare im Rentenalter mit erwachsenen Kindern	Partner und Kind/Kinder (zwei Generationen vertreten)
Ältere Alleinstehende	Freunde, Bekannte, gute Nachbarn, Vorsorgeanwalt

Außenverhältnis. In der Vorsorgevollmacht kommt das rechtliche „Können" des Bevollmächtigten zum Ausdruck. Wer das Formular Vorsorgevollmacht ausfüllt und einen Bevollmächtigten benennt, autorisiert diesen, gegenüber Ärzten, Behörden, Versicherern, Vermietern etc. – also im Außenverhältnis – zu handeln. Juristen sprechen hierbei auch von Außenvollmacht oder Vertretung gegenüber Dritten.

Innenverhältnis. In einer separaten Vereinbarung kann der Vollmachtgeber mit dem Bevollmächtigten regeln, was dieser genau tun darf und was nicht. Diese Vereinbarung über das rechtliche „Dürfen" betrifft nur das Verhältnis zwischen dem Vollmachtgeber und dem Bevollmächtigten – also das Innenverhältnis. Der Vollmachtgeber kann dem Bevollmächtigten konkrete Aufgaben zuweisen und Anweisungen erteilen. Er kann auch Bedingungen festlegen. Ohne ergänzende Innenverhältnisregelung kann die Vorsorgevollmacht im schlimmsten Fall als widersprüchlich oder lückenhaft ausgelegt werden. Dies kann dazu führen, dass das Betreuungsgericht für einzelne Bereiche einen Kontrollbetreuer einsetzt.

Daher ist eine Innenverhältnisregelung für die Vorsorgevollmacht sinnvoll. Solche Anweisungen sind immer höchst individuell. Damit es Ihnen leichter fällt, eine interne Anweisung dieser Art zu formulieren, haben wir das Formular „Innenverhältnisregelung" für Sie entworfen. Die zugehörige Ausfüllhilfe finden Sie auf Seite 28.

Wie finde ich einen Bevollmächtigten, wenn ich keine Angehörigen, Freunde oder Bekannten habe, die infrage kommen?

Gibt es keine Vertrauensperson, bleibt zunächst nur der Weg der gesetzlichen Betreuung („Wann eine Betreuung eingerichtet wird", siehe Seite 46). Wer dies vermeiden möchte, kann sich mit seinem Anliegen an einen örtlichen Betreuungsverein wenden.

Dort können Sie Kontakt aufnehmen zu ehrenamtlich arbeitenden Betreuern und Berufsbetreuern, die Erfahrungen im Umgang mit betreuten Menschen und den zu erledigenden Angelegenheiten haben. In einer Betreuungsverfügung können Sie die Personen Ihrer Wahl benennen („Wegweiser durch die Betreuungsverfügung", siehe Seite 42).

Auch die Kirchen und Wohlfahrtsverbände sind Ansprechpartner bei der Suche nach einer geeigneten Person für eine Betreuung. Schließlich stehen gegebenenfalls auch Rechtsanwälte als Betreuer zur Verfügung. Wichtig ist in diesem Zusammenhang, dass Sie die Frage, welche Kosten für die Übernahme der Bevollmächtigung anfallen, im Vorfeld klar regeln.

Was kann ich tun, wenn ich jemandem eine Vollmacht erteilt habe und das Vertrauensverhältnis später gestört wird oder die Gefahr des Missbrauchs besteht?
Sie können die Vollmacht jederzeit gegenüber dem Bevollmächtigten widerrufen und, falls er das Vollmachtsformular schon erhalten hat, dieses zurückfordern.

Wenn Sie eine gesonderte Bankvollmacht erteilt haben, sollten Sie nicht nur die Vorsorgevollmacht widerrufen, sondern der Bank beziehungsweise Sparkasse schnellstmöglich mitteilen, dass Sie auch die Bankvollmacht widerrufen möchten.

Bedenken Sie jedoch, dass Sie die Vollmacht nur widerrufen können, sofern Sie entscheidungsfähig sind. Sie können das Missbrauchsrisiko zum Beispiel dadurch verringern, dass Sie schon bei Erstellen der Vollmacht einen Kontrollbevollmächtigten benennen. Dieser kontrolliert dann, falls Sie nicht mehr entscheidungsfähig sind, an Ihrer Stelle den Bevollmächtigten und kann im Bedarfsfall auch eine Vollmacht widerrufen, wenn Sie das so angeordnet haben.

Kontrollbevollmächtigter: Vollmacht setzt Vertrauen voraus

Vertrauensvorschuss. Das Erteilen einer Vollmacht beinhaltet einen Vertrauensvorschuss. Es gibt jedoch auch Fälle, in denen Bevollmächtigte das Vertrauen missbrauchen. Eine Möglichkeit, das Risiko zu verringern, ist der Einsatz eines sogenannten Kontrollbevollmächtigten. Er soll darüber wachen, dass der Bevollmächtigte im Sinne des Vollmachtgebers handelt. Vollmachtgeber können zum Beispiel festlegen, dass der Bevollmächtigte für bestimmte Aufgaben die Zustimmung des Kontrollbevollmächtigten einholt oder ihm regelmäßig Rechenschaft über die Ein- und Ausgänge auf dem Konto ablegen muss. Sollte der Bevollmächtigte nicht im Sinne des Vollmachtgebers handeln, kann der Kontrollbevollmächtigte die Vollmacht widerrufen und eventuell Schadensersatzansprüche durchsetzen.

Neutrale Person. Wer eine neutrale Person als Kontrollbevollmächtigten einsetzen möchte, kann zum Beispiel einen Anwalt beauftragen. Hilfe bei der Suche bieten die örtlichen Rechtsanwaltskammern (Adressen siehe Seite 91) oder die Deutsche Vereinigung für Vorsorge- und Betreuungsrecht e. V. (Internet: www.dvvb-ev.de).

Ausfüllhilfe Vorsorgevollmacht

In der Vorsorgevollmacht autorisieren Sie jemanden, damit er Sie gegenüber Behörden, Ärzten, Vermietern und anderen „Dritten" vertreten kann.

Trennen Sie das Formular für die Vorsorgevollmacht heraus, legen Sie es neben diese Anleitung und füllen Sie Schritt für Schritt die Ihnen wichtigen Punkte aus.

Ich,

Geben Sie Ihren Namen und Ihre aktuelle Adresse an. Falls Sie später, nach der Erteilung der Vollmacht, einmal umziehen sollten, bleibt Ihre Vollmacht weiter wirksam. Wichtig ist, dass Sie als Vollmachtgeber eindeutig erkennbar sind.
Tipp: Vor allem, wenn er gesundheitliche und pflegerische Aufgaben wahrnehmen soll, sollte der Bevollmächtigte in der Nähe wohnen.

bevollmächtige hiermit:

Dies ist der zentrale Punkt der Vorsorgevollmacht. Ob Ihre Vorstellungen und Wünsche in Ihrem Sinne zur Geltung kommen, falls Sie selbst nicht mehr handlungsfähig sind, hängt entscheidend davon ab, wen Sie als Bevollmächtigten benennen. Unser Formular sieht die Bevollmächtigung einer Person vor. Wollen Sie eine zweite Person bevollmächtigen, nutzen Sie das zweite Exemplar.

Er / Sie vertritt mich in folgenden Angelegenheiten:

1. Gesundheit

1.1 Soll der Bevollmächtigte alle Ihre Gesundheit angehenden Fragen für Sie regeln, müssen Sie hier ein Kreuz bei „Ja" machen. Andernfalls können Ärzte, Krankenhäuser und Pflegeeinrichtungen einen Einblick in Ihre Patientenunterlagen verweigern. Ihrem Bevollmächtigten fehlen dann möglicherweise wichtige Informationen, um über Ihre Behandlung, ärztliche Eingriffe und andere medizinische Maßnahmen zu entscheiden.

1.2 Auch hier müssen Sie ein „Ja" ankreuzen, damit Ihr Bevollmächtigter gegenüber Ärzten für Sie über Behandlungen, Operationen, Medikation und andere medizinische Fragen entscheiden kann.

1.3 Ärztliche Heilmaßnahmen und Operationen sind meist mit Risiken verbunden. Diese können manchmal lebensgefährlich sein. Damit Ihr Bevollmächtigter an Ihrer Stelle seine Zustimmung auch zu solchen gefährlichen Eingriffen erteilen darf, schreibt der Gesetzgeber vor, dass dies in der Vollmacht ausdrücklich erwähnt sein muss (Paragraf 1904, Absatz 5 und Absatz 1 im Bürgerlichen Gesetzbuch).
Gleiches gilt für den Fall, dass Ihr Bevollmächtigter für Sie entscheiden können soll, ob Sie in Ihrem Krankheitszustand lebensverlängernde Maßnahmen erhalten oder diese eingestellt werden (Paragraf 1904, Absätze 5, 1 und 2 im Bürgerlichen Gesetzbuch).
Wenn Sie Ihrem Bevollmächtigten diese Aufgabenbereiche übertragen, müssen Sie, um die Anforderung des Gesetzes zu erfüllen, zwingend ein Kreuz bei „Ja" setzen.

Zur Erläuterung: Haben Sie keine Patientenverfügung, dann ist Ihr Bevollmächtigter bei den oben genannten Entscheidungen verpflichtet, Ihren mutmaßlichen Willen zu beachten. Das heißt, er muss sich anhand Ihrer Wertvorstellungen und eventuell früherer Äußerungen von Ihnen die Frage stellen, was Sie aktuell entscheiden würden, wenn Sie dazu noch in der Lage wären.

Sind sich die behandelnden Ärzte und Ihr Bevollmächtigter nicht darüber einig, ob dieser auf Grundlage Ihres mutmaßlichen Willens der Behandlung zustimmen soll oder ob er sie ablehnen darf, muss das Betreuungsgericht die Entscheidung des Bevollmächtigten genehmigen oder die Genehmigung versagen. Sind sich Ihr Bevollmächtigter und die Ärzte allerdings einig darin, dass Ihr Wille zu beachten ist, muss keine Genehmigung des Betreuungsgerichts eingeholt werden.

1.4 Machen Sie hier ein Kreuz, sofern Sie eine Patientenverfügung haben. Wenn Sie keine Patientenverfügung haben, füllen Sie das Feld nicht aus.

Tipp: Eine sorgfältig formulierte Patientenverfügung legt Ihren Willen zur Zustimmung oder Ablehnung von Behandlungsmaßnahmen konkret dar. Aufgrund ihrer Aussagekraft hat sie bei vielen Ärzten Vorrang gegenüber einem nur mutmaßlichen Willen. Ihr Bevollmächtigter tut sich daher bedeutsam leichter, eine Einigung mit den behandelnden Ärzten zu erzielen und ein langwieriges Verfahren vor dem Betreuungsgericht zu Ihren Gunsten zu verhindern, wenn er auf die schriftliche Patientenverfügung zurückgreifen kann („Wegweiser durch die Patientenverfügung", siehe Seite 58).

2. Pflege

Die meisten älteren Menschen haben den Wunsch, möglichst bis zuletzt in ihren heimischen vier Wänden wohnen zu bleiben. Mit zunehmendem Alter benötigen viele dabei Unterstützung, um ihre täglichen Angelegenheiten zu erledigen, angefangen beim Einkaufen, Kochen und der Haushaltsführung bis hin zur körperlichen Hygiene. Eine Haushaltshilfe muss ausgesucht und eingestellt, Essen auf Rädern und ein ambulanter Pflegedienst organisiert werden. Irgendwann muss auch die Entscheidung getroffen werden, ob ein weiteres Leben zuhause noch möglich ist oder ob ein Umzug in ein Heim mit Rundumbetreuung die bessere Alternative wäre. Um staatliche Zuschüsse zu erhalten, muss bei den Sozialbehörden ein Antrag auf Erteilung einer Pflegestufe gestellt werden. Bei einem Umzug ins Heim müssen Verträge abgeschlossen werden, auch über stationäre Pflege- und Zusatzleistungen. Setzen Sie bei „Ja" ein Kreuz, damit Ihr Bevollmächtigter alle Sie angehenden Entscheidungen rund um Pflege und Versorgung für Sie treffen kann, sofern Sie selbst dazu nicht mehr in der Lage sind.

3. Freiheitsbeschränkung

3.1 Bei den an dieser Stelle aufgelisteten Maßnahmen handelt es sich um Regelungen, die massiv in Ihre im Grundgesetz verbrieften Freiheitsrechte eingreifen. Deshalb stehen sie immer und ohne Ausnahme unter dem Vorbehalt der Genehmigung durch das zuständige Betreuungsgericht. Wenn Sie „Ja" ankreuzen, kann der Bevollmächtigte bei dem zuständigen Betreuungsgericht die Genehmigung einholen, dass zum Beispiel zu Ihrem Schutz ein Gitter am Bett angebracht wird, ruhigstellende Medikamente verabreicht werden dürfen und Sie in einer geschlossenen Einrichtung untergebracht werden dürfen. Letzteres kann geschehen, wenn Sie krankheitsbedingt sehr verwirrt sind, kein Orientierungsbewusstsein mehr haben und die Gefahr besteht, dass Sie aus dem Heim weglaufen und nicht mehr zurückfinden. Voraussetzung ist bei allen diesen Maßnahmen die Gefahr, dass Sie sich selbst erheblichen gesundheitlichen Schaden zufügen könnten.

3. 2 Kreuzen Sie hier „Ja" an, darf der Bevollmächtigte gegen Ihren Willen, unter Einhaltung der Voraussetzungen des Paragrafen 1906 Absatz 3 Bürgerliches Gesetzbuch (BGB), einer ärztlichen Zwangsmaßnahme zustimmen. Für die Einwilligung muss er zusätzlich die Genehmigung des Betreuungsgerichts einholen (Paragraf 1906 Absatz 3a BGB).

4. Wohnung / Aufenthalt

4.1 bis **4.4** Mit „Ja" ermächtigen Sie Ihren Bevollmächtigten, Ihren Aufenthalt zu bestimmen und zu ändern. Er kann also entscheiden, ob als Alternative eine kleinere altersgerechte Wohnung oder ein Umzug ins Heim besser für Sie geeignet ist, als weiter zuhause zu wohnen. Er kann alle in diesem Zusammenhang anstehenden Verträge für Sie abschließen beziehungsweise bestehende Verträge kündigen.

5. Behörden

An dieser Stelle autorisieren Sie mit einem Kreuz bei „Ja" Ihren Bevollmächtigten, Sie umfassend gegenüber den Behörden zu vertreten.

6. Justiz

Wenn Sie ein Kreuz bei „Ja" setzen, darf Ihr Bevollmächtigter Sie vor Gericht vertreten, etwa um Rechtsmittel gegen einen Bescheid des Finanzamtes, Sozialamtes oder einer anderen Behörde einzulegen.

Benötigt er dabei Unterstützung oder ist für das Gerichtsverfahren Anwaltszwang gesetzlich vorgeschrieben, so darf der Bevollmächtigte Rechtsanwälte für Sie einschalten. Da diese wie Ärzte der Schweigepflicht unterliegen, werden sie von der Schweigepflicht entbunden.

7. Kommunikation

7.1 Mit „Ja" entbinden Sie Ihren Bevollmächtigten von dem grundrechtlich geschützten Brief- und Postgeheimnis. Andernfalls darf Ihr Bevollmächtigter streng genommen Ihre Briefe nicht öffnen. Er handelt ansonsten unbefugt im Sinne des Strafgesetzbuchs.

7.2 Mit einem Kreuz bei „Ja" stellen Sie klar, dass Ihr Bevollmächtigter Ihre Telekommunikations- und ähnliche Verträge verwalten, kündigen und gegebenenfalls neue abschließen kann.

7.3 Mit „Ja" ermöglichen Sie es ihm, Ihre persönlichen Daten auf dem Computer, Ihre E-Mails und Internetanwendungen abzurufen, zu ändern und gegebenenfalls zu löschen. Auch dies wäre ohne Ihr Einverständnis – ähnlich wie das Öffnen von Briefen – nicht zulässig.
Tipp: Wenn Sie das Internet nutzen, sollten Sie alle Passwörter für den Computer (Abruf von E-Mails, Dienste und Mitgliedschaften in Netzwerken) in Ihrem Notfallordner bereithalten, damit sie im Fall des Falles auch verfügbar sind („Digitaler Nachlass", siehe Seite 87).

8. Versicherungen

8.1 Dies betrifft alle privaten Versicherungen, wie Kranken- und Pflegeversicherung, Haftpflicht-, Hausrat- oder private Lebens- und Rentenversicherungen. Mit einem Kreuz bei „Ja" darf Ihr Bevollmächtigter Ihre Rechte und Pflichten aus den Versicherungsverträgen für Sie wahrnehmen.

8.2 Gehen Sie Ihre Policen im Versicherungsordner der Reihe nach durch. Mit einem Kreuz bei „Ja" darf Ihr Bevollmächtigter auch Versicherungsverträge für Sie kündigen. Überlegen Sie, ob er tatsächlich Entscheidungen zum Beispiel auch für Ihre private Kapitallebensversicherung treffen können soll. Haben Sie einen Bezugsberechtigten eingesetzt, der die Versicherungssumme erhalten soll? Die Kündigung der Police durch den Bevollmächtigten und die vorzeitige Auszahlung des angesparten Kapitals könnten daher nicht in Ihrem Sinne sein.

Falls Sie die Kündigung von Versicherungsverträgen ausschließen wollen, kreuzen Sie hier „Nein" an.

Sie können auch „Ja" ankreuzen und zum Beispiel nur die Kündigung der Kapitallebensversicherung ausschließen. In der Innenverhältnisregelung können Sie genau festlegen, unter welchen Voraussetzungen Ihr Bevollmächtigter die Lebensversicherung kündigen kann. Regeln könnten Sie zum Beispiel, dass er den Vertrag nur vorzeitig kündigen darf, um damit die Pflegekosten in einem Heim zu decken („Ausfüllhilfe Innenverhältnisregelung", siehe Seite 28).

9. Banken und Sparkassen

9. 1 Mit „Ja" ermächtigen Sie Ihren Bevollmächtigten, Ihr Konto zu verwalten, wie zum Beispiel Überweisungen zu tätigen oder Daueraufträge zu ändern und zu löschen.
Wichtiger Hinweis: Beachten Sie, dass Banken, Sparkassen und Volksbanken weitgehend eigene Formulare für Kontovollmachten verwenden. In vielen Fällen akzeptieren Bankinstitute daher nur die eigenen Formulare und lassen ein anderes Vorsorgevollmachtsformular nicht gelten („Bankvollmacht", siehe Seite 31). Sprechen Sie in jedem Fall mit Ihrer Bank über das Thema Vollmachten. Erklären Sie, dass Sie eine Person Ihres Vertrauens bevollmächtigen möchten, und lassen Sie sich über die verschiedenen Varianten beraten. Verwenden Sie die bankeigenen Vordrucke für die Bevollmächtigung beispielsweise zusätzlich zu dieser Vorsorgevollmacht und bewahren Sie die Dokumente in einem Notfallordner auf.

9. 2 Mit „Ja" ermöglichen Sie Ihrem Bevollmächtigten, eine bestehende Kontovollmacht, zum Beispiel auf einem bankeigenen Vordruck, zu widerrufen, wenn dies zur ordnungsgemäßen Verwaltung Ihres Vermögens notwendig sein sollte. Details können Sie dann im Innenverhältnis regeln („Ausfüllhilfe Innenverhältnisregelung", siehe Seite 28). Mit einem Kreuz bei „Nein" bleiben Kontovollmachten bestehen.
Tipp: Sammeln Sie alle wichtigen Informationen zu Ihren Konten, Wertpapierdepots oder dem Bankschließfach in einem Ordner. Existieren für den Zugriff Passwörter oder Codes, sollte Ihr Bevollmächtigter diese kennen.

9. 3 Setzen Sie ein Kreuz bei „Ja", wenn Sie mit der Bank auf einem institutseigenen Bankformular vereinbart haben, dass Ihr Bevollmächtigter für Sie tätig werden darf. Kreuzen Sie „Nein" an, wenn Sie mit der Bank keine Vereinbarung getroffen haben.

10. Vermögen

10. 1 Mit „Ja" ermöglichen Sie es Ihrem Bevollmächtigten, Ihr gesamtes Vermögen zu verwalten und gegebenenfalls auch zu veräußern. Das gilt auch für Immobilien.

Ihr Bevollmächtigter darf alle Rechtshandlungen und Rechtsgeschäfte für Sie vornehmen, Erklärungen jeder Art abgeben und entgegennehmen sowie Anträge stellen, abändern und zurücknehmen.
Wichtiger Hinweis: Soll Ihr Bevollmächtigter auch in die Lage versetzt werden, Ihr Haus oder Ihre Eigentumswohnung zu verkaufen, reicht dafür die schriftlich erteilte Vorsorgevollmacht nicht aus. Die Unterschrift unter Ihrer Vorsorgevollmacht müssen Sie öffentlich beglaubigen lassen, zum Beispiel für 10 Euro bei einer Betreuungsbehörde.

Bei größerem Vermögen, Haus- und Grundbesitz oder mehreren Bevollmächtigten ist jedoch ein Notartermin sinnvoll („Wann ein Gang zum Notar sinnvoll ist", siehe Seite 36).

10.2 Sie sollten gut überlegen, wie Sie sich an dieser Stelle entscheiden.

Mit „Ja" ermächtigen Sie Ihren Bevollmächtigten, in Ihrem Sinne angemessene Geschenke an Angehörige, Freunde und Bekannte zu machen, wenn dies etwa zu Geburtstagen, Weihnachten oder Hochzeiten bei Ihnen üblich war. Einzelheiten sollten Sie in der Innenverhältnisregelung aufführen („Ausfüllhilfe Innenverhältnisregelung", siehe Seite 28).

11. Einschränkungen

An dieser Stelle können Sie die Vollmacht auf bestimmte Aufgabenbereiche beschränken, sofern Sie dies nicht bereits in dieser Vorsorgevollmacht bei den jeweiligen Angelegenheiten getan haben.

Achten Sie darauf, Ihre Vorstellungen so genau wie möglich zu formulieren.

12. Untervollmacht

Mit „Ja" ermöglichen Sie es dem Bevollmächtigten, die ihm übertragenen Aufgaben in einzelnen Angelegenheiten auch auf andere zu übertragen. Mit der Beschränkung auf einzelne Aufgaben ist sichergestellt, dass sich Ihr Bevollmächtigter nicht schrittweise durch mehrere Unterbevollmächtigungen seiner Aufgabe entzieht.
Hinweis: Bei Immobiliengeschäften ist es regelmäßig zur Entlastung der Vertragsparteien der Fall, dass bestimmte Erklärungen zur Abwicklung eines Kaufvertrags vom beurkundenden Notariat und dessen Angestellten abgegeben werden. Hierfür ist es beispielsweise erforderlich, dass neben der Vollmacht für die Vertrau-

ensperson eine Möglichkeit der Unterbevollmächtigung auf Notare und deren Angestellte in dem Vollmachtsformular vorgesehen ist.

13. Dauer der Bevollmächtigung

Die Vorsorgevollmacht ist ab ihrer Ausstellung gültig und bleibt – vorausgesetzt, Sie widerrufen die Vorsorgevollmacht nicht – auch über Ihren Tod hinaus wirksam, wenn Sie an dieser Stelle „Ja" ankreuzen.

Der Vorteil liegt darin, dass Ihr Bevollmächtigter noch die Beerdigungskosten begleichen kann, wenn die Erben noch nicht feststehen beziehungsweise sich noch nicht als Erben gegenüber der Bank ausweisen können.
Tipp: Um sicherzustellen, dass Ihr Bevollmächtigter von der Vollmacht erst Gebrauch macht, wenn Sie zum Handeln nicht mehr in der Lage sind, sollten Sie dies ausdrücklich in der Innenverhältnisregelung anordnen („Ausfüllhilfe Innenverhältnisregelung", siehe Seite 28).

14. Betreuung

14.1 Mit einem „Ja" stellen Sie sicher, dass die Person/en, die Sie bevollmächtigen, als Betreuer bestellt wird/werden, falls es trotz Ihrer Vollmacht zu einer Betreuungsanordnung kommen sollte, was bei einer umfassenden Vollmacht selten der Fall sein dürfte.

14.2 Mit einem Kreuz bei „Ja" stellen Sie klar, dass Sie bereits eine Betreuungsverfügung verfasst haben.

Unterschriften

Sowohl Sie als Vollmachtgeber als auch Ihr Bevollmächtigter sollten mit Vor- und Zunamen, Ort und Datum unterschreiben.

Trennen Sie das Formular für die Innenverhältnisregelung heraus. Legen Sie es neben diese Anleitung und füllen Sie Schritt für Schritt die Ihnen wichtigen Punkte aus.

Ausfüllhilfe Innenverhältnisregelung

Eine interne Vereinbarung zwischen Vollmachtgeber und Bevollmächtigtem ist eine wichtige Ergänzung, um den richtigen Gebrauch der Vorsorgevollmacht sicherzustellen.

1. Beginn der Vertretung

Hier legen Sie fest, ab welchem Zeitpunkt der Bevollmächtigte von der Vorsorgevollmacht Gebrauch machen darf und soll.

Zur Erläuterung: Während die Vorsorgevollmacht im Außenverhältnis die Beziehung zwischen dem Bevollmächtigten und sogenannten Dritten, wie Ärzten, Behörden, Vermietern oder Versicherungsunternehmen, regelt und vorgibt, was der Bevollmächtigte alles rechtswirksam für den Vollmachtgeber tun kann, regelt das Innenverhältnis, was der Bevollmächtigte alles tun darf (siehe auch Seite 21). Im Rahmen dieser Vereinbarung, die gesetzlich den Regelungen eines Auftrags folgt, sollte der Vollmachtgeber alle ihm notwendig erscheinenden Anweisungen zum Gebrauch der Vollmacht erteilen. Der Bevollmächtigte muss sich daran halten. Tut er das nicht, macht er sich unter Umständen schadenersatzpflichtig.

1.1 Sie können Ihren Bevollmächtigten durch ein Kreuz an dieser Stelle verpflichten, die Vorsorgevollmacht nur dann einzusetzen, wenn Sie selbst dauerhaft oder vorübergehend nicht handeln können. Wann dies der Fall ist, entscheiden Sie so lange selbst, wie Sie entscheidungsfähig sind. Sollte dies nicht mehr der Fall sein, bestimmt der Bevollmächtigte, wann er für Sie handeln darf. Dies setzt voraus, dass Sie dem Bevollmächtigten absolut vertrauen und er sich sehr gut mit Ihrer Krankheitsgeschichte auskennt.

1.2 Machen Sie hier ein Kreuz, wenn Sie wünschen, dass der Bevollmächtigte nicht allein beurteilen darf, wann Sie entscheidungsunfähig sind, sondern dass dies erst durch einen Arzt festgestellt werden soll.

2. Mehrere Bevollmächtigte

Sie können auch mehrere Personen als Bevollmächtigte benennen.

2.1 Mit einem Kreuz bestätigen Sie, dass Sie zwei gleichberechtigte Bevollmächtigte haben, die im Ernstfall sofort nach außen je einzeln tätig werden können. Damit es dabei nicht zu Kollisionen oder widersprüchlichem Handeln kommt, erfolgt die Anweisung, dass der von Ihnen hier zuerst genannte Bevollmächtigte primär tätig werden soll.

Sie benennen noch einen zweiten Bevollmächtigten, der erst an zweiter Stelle von der Vollmacht Gebrauch machen darf. In der Rangfolge steht er hinter dem zuerst Bevollmächtigten.

2.2 Mit einem Kreuz an dieser Stelle bestätigen Sie, dass es wiederum zwei Bevollmächtigte gibt. Allerdings bestimmen Sie hier, dass der zuerst genannte Bevollmächtigte sich überwiegend um Ihre finanziellen Belange kümmern soll. Der Zweitgenannte ist für alle Gesundheitsfragen, die Sie betreffen, zuständig. Da die Vollmachten in diesem Fall zeitgleich ausgeübt werden, können Sie festlegen, wer von den beiden Bevollmächtigten im Konfliktfall das letzte Wort hat. Diese Vorgabe ist für den anderen rechtlich verbindlich.

2.3 Diese Formulierung dient Ihrer Sicherheit. Mit einem Kreuz legen Sie fest, dass die Bevollmächtigten sich nicht gegenseitig die Vollmacht entziehen können.

3. Gesundheitsangelegenheiten und Pflege

3.1 Mit einem Kreuz legen Sie fest, dass Ihre Wertvorstellungen und Äußerungen, die Sie mit dem Bevollmächtigten besprochen haben, unbedingt von ihm beachtet und nach außen transportiert werden.

3.2 Mit einem Kreuz weisen Sie den Bevollmächtigten darauf hin, dass sämtliche Einkünfte und auch Ihr Vermögen zu Ihrem Wohle und für professionelle Pflege einzusetzen sind.

3.3 Wenn Sie Ihren Lebensabend bei größtmöglicher Selbstständigkeit zuhause verbringen möchten, können Sie hier mit einem Kreuz regeln, dass Sie nicht bei den ersten Anzeichen einer Pflegebedürftigkeit in ein Pflegeheim verbracht werden. Der Bevollmächtigte muss sich zunächst darum bemühen, Ihre Versorgung daheim sicherzustellen.

3.4 Hier können Sie angeben, welcher Pflegedienst für Sie beauftragt werden soll. Sie sollten sich daher in gesunden Tagen schon in Ihrer Umgebung kundig machen, welcher Dienstleister für Sie infrage käme.

3.5 Hier können Sie Ihre Vorgabe machen, in welcher Pflegeeinrichtung anzufragen ist, ob eine Heimunterbringung möglich wäre. Einen Anspruch auf Übernahme haben Sie aber nicht, da dies immer von der aktuellen Belegungssituation des Heimes abhängt.

4. Finanzen und Geschenke

4.1 Eine Angabe der Personen, die Sie zum Beispiel regelmäßig mit Geburtstags-, Weihnachts- oder sonstigen Geldgeschenken bedenken wollen, verhindert, dass Ihrem Bevollmächtigten bei Vornahme dieser Zuwendungen von Dritten unterstellt wird, er würde Ihr Vermögen absichtlich mindern und seine Vollmacht missbrauchen.

4.2 Gleiches gilt für die Entschädigungszahlung des Bevollmächtigten an sich selbst, sofern Sie hier eine Regelung treffen.

5. Sonstige Regelungen

Sie können noch weitere Einzelheiten hier festlegen. Da die Innenverhältnisregelung nicht für Außenstehende bestimmt ist, sondern ausschließlich das besondere Verhältnis zwischen Ihnen und dem Bevollmächtigten betrifft, können Sie auch aufführen, wer Sie zum Beispiel nicht im Krankenhaus besuchen darf, wem Sie auf keinen Fall Geldzuwendungen zukommen lassen wollen und wer nicht unterbevollmächtigt werden darf, weil Sie beispielsweise mit diesen Personen zerstritten sind.

Unterschriften

Die Innenverhältnisregelung ist rechtlich ein Geschäftsbesorgungsvertrag. Daher müssen hier Vollmachtgeber und Bevollmächtigter unterschreiben.

Fehler bei der Vorsorge-vollmacht vermeiden

In vielen Fällen zeigt sich erst im Ernstfall, ob Vollmachtgeber an alles gedacht haben. Klare Anweisungen helfen, Streit zu vermeiden.

„Viele Vorsorgevollmachten scheitern an laienhaften Formulierungen", sagt Dr. Dietmar Kurze, Fachanwalt für Erbrecht aus Berlin. Wichtige Fragen, die in der Praxis durchaus eine Rolle spielen, sind manchmal nicht geklärt: Erhält der Bevollmächtigte eine Vergütung? Sollen zwei Bevollmächtigte gemeinsam handeln? Was ist, wenn die bevollmächtigte Person ausfällt?

Wenn Vertrauen missbraucht wird

Oft gibt es Streit ums Geld. „Missbrauchsfälle nehmen zu", berichtet der Fachanwalt. Hat ein Bevollmächtigter zum Beispiel eine Bankvollmacht und zahlt sich selbst Geldgeschenke aus, kann es nach dem Tod des Vollmachtgebers zum Rechtsstreit kommen. Ist die Geldfrage nicht eindeutig geregelt, fordern Erben schon mal Geld zurück. Sie werfen dann dem Bevollmächtigten vor, er habe sich finanziell bereichert und die Vollmacht missbraucht.

Jüngst verurteilte das Oberlandesgericht Brandenburg einen Bevollmächtigten, rund 100 000 Euro an eine Miterbin zu erstatten. Er hatte behauptet, die Vollmachtgeberin habe ihm das Geld geschenkt. Das konnte er aber nicht beweisen, und der Wille der Verstorbenen war posthum nicht mehr ermittelbar (Az. 3 U 1/12). Solche Konflikte lassen sich vermeiden, wenn Vollmachtgeber klar regeln, ob und in welcher Höhe Bevollmächtigte Geld nehmen dürfen („Ausfüllhilfe Innenverhältnisregelung", siehe Seite 28).

Anweisung bei zwei Bevollmächtigten

Nicht im Sinne von Vollmachtgebern ist es, wenn sich zwei gleichberechtigte Bevollmächtigte streiten. Eine klare Anweisung im Innenverhältnis ist dann hilfreich.

Beispiel: Tochter Silke will in die Operation einwilligen, die der Arzt für die auf der Intensivstation liegende Mutter für notwendig hält. Sohn Thomas spricht sich dagegen aus. Ist auch in der Patientenverfügung nicht eindeutig geregelt, welche ärztliche Behandlung sich die Mutter für diese Situation gewünscht hat, entscheidet im Zweifel das Betreuungsgericht (siehe Seite 46 „Wann eine Betreuung eingerichtet wird").

Damit das nicht passiert, sollten Vollmachtgeber im Innenverhältnis eindeutig bestimmen, wer das letzte Wort hat.

Ist dies in Bezug auf Gesundheitsfragen Tochter Silke, muss sich Sohn Thomas an diese Entscheidung halten. Er darf von seiner Vollmacht dann keinen Gebrauch machen. Tut er das nicht, ist er haftbar.

Ehepartner manchmal überfordert

Problematisch können auch Vorsorgevollmachten unter gleichaltrigen Eheleuten sein. „Es kommt häufig vor, dass sich ein Ehepaar gegenseitig bevollmächtigt", so Kurze. Was manche nicht bedenken: Im hohen Lebensalter kann ein Ehepartner mit der Vorsorgevollmacht überfordert sein.

Erkrankt beispielsweise der 80-jährige Ehemann schwer und wird zum Pflegefall, muss die bevollmächtigte gleichaltrige Ehefrau alles in die Hand nehmen: mit den Ärzten sprechen, ein Pflegeheim organisieren, die Finanzen regeln. Trotz guten Willens sind manche Ehepartner aufgrund ihres Alters oder einer eigenen Erkrankung dazu nicht mehr in der Lage.

Eheleute, die nicht möchten, dass das Gericht dann einen Fremden als Betreuer einsetzt, sollten rechtzeitig ihre erwachsenen Kinder oder eine andere ihnen vertraute Person bevollmächtigen.

Bankvollmacht: Mit der Bank sprechen

Viele Banken akzeptieren die üblichen Vorsorgevollmachten nicht. Sie verlangen, dass ihre Kunden bankeigene Formulare ausfüllen. Darum sollten Sie sich rechtzeitig kümmern.

Da kommt eine Rechnung nach der anderen. Doch der Mensch, der sie bezahlen soll, ist schwer erkrankt und nicht ansprechbar. Jetzt wäre es gut, wenn ein Bevollmächtigter schnell über Geld und Konto verfügen könnte. Er könnte die Rechnung begleichen und einen Platz im Pflegeheim sichern. Er könnte Geld abheben, Daueraufträge stoppen oder einrichten.

Das Problem: Eine schriftliche Vorsorgevollmacht, die von Vollmachtgeber und Bevollmächtigtem unterschrieben ist, akzeptieren die meisten Bankinstitute nicht. Dabei sind sie eigentlich dazu verpflichtet, denn es gibt keine Vorschrift, welche Form eine Vorsorgevollmacht für die Vermögensvorsorge haben muss.

Offizielle Empfehlung

Die Deutsche Kreditwirtschaft, ein Zusammenschluss mehrerer kreditwirtschaftlicher Spitzenverbände, empfiehlt, dass Kontoinhaber persönlich in der Filiale ihrer Bank ihre Identität mit einem gültigen Reisepass oder Personalausweis nachweisen. Gemeinsam mit dem Bevollmächtigten können sie

Eindeutig regeln

Zweifelsfrei. Unterschreiben Sie – falls möglich – das Vollmachtsformular gemeinsam mit Ihrer Vertrauensperson direkt in der Bankfiliale. So vermeiden Sie, dass es später Zweifel an der Gültigkeit der Vollmacht gibt.

Gültigkeit. Überlegen Sie vor dem Banktermin, wie lange die Vollmacht gelten soll. Gerade bei finanziellen Angelegenheiten ist es sinnvoll, wenn die Vertrauensperson sie über den Tod hinaus einsetzen kann. Nach einem Todesfall muss der Bevollmächtigte oft hohe Rechnungen bezahlen, beispielsweise für eine Wohnungsauflösung und -renovierung, die Beerdigung oder einen Sarg.

Verantwortung. Überlegen Sie, welche finanziellen Verpflichtungen Sie eingegangen sind beziehungsweise für wen Sie finanziell die Verantwortung tragen. Vielleicht wollen Sie Ihren Sohn bei der Hausfinanzierung unterstützen oder Ihrem Enkel das Studium bezahlen. Klären Sie mit Ihrer Vertrauensperson, ob und wie lange bestimmte Personen finanzielle Zuwendungen erhalten sollen und wie viel Geld Sie zum Beispiel für Ihre Heimunterbringung, Ihren Lebensunterhalt und Ihre Versorgung ausgeben wollen.

Rechteumfang. Überlegen Sie sich genau, welche Rechte Sie Ihrer Vertrauensperson geben wollen. Darf sie beispielsweise auch in Ihrem Namen Konten auflösen oder neue Verträge abschließen? Wenn ja, müssen Sie eine individuelle Vollmacht erstellen – am besten gemeinsam mit einem Notar –, denn nicht alle Banken räumen diese Rechte dem Bevollmächtigten automatisch ein. Will dieser auch Kredite aufnehmen, braucht er in jedem Fall eine notarielle Beurkundung.

Widerruf. Grundsätzlich können Sie, solange Sie geschäftsfähig sind, eine Vollmacht jederzeit widerrufen – am besten schriftlich, damit auch für die Bank eindeutig ersichtlich ist, dass das Dokument ungültig ist.

die Vorsorgevollmacht dann im Beisein eines Bankmitarbeiters unterschreiben. Dieses Verfahren ist aufwendig, bringt aber mehr Sicherheit und erspart der Vertrauensperson viel Ärger. Denn im Zweifelsfall müsste sie nachweisen, dass diese Vollmacht gültig ist – das ist zeitraubend und bei finanziellen Angelegenheiten besonders unangenehm. **Ganz allgemein gilt:** Gute finanzielle Vorsorge besteht aus einer Vorsorgevollmacht, in der zwischen Kontoinhaber und Bevollmächtigten genau vereinbart ist, was die Bevollmächtigten in finanziellen Fragen im Sinne des Vollmachtgebers tun und lassen können. Die Vorsorgevollmacht soll gewährleisten, dass die Wünsche des Kontoinhabers so weit wie möglich berücksichtigt werden. Sollte sich der Bevollmächtigte nicht daran halten, kann er zur Rechenschaft gezogen werden – notfalls mit einer Schadenersatzklage.

Jede Bank will ein eigenes Formular

Vielen Banken reicht die Bevollmächtigung über eine Vorsorgevollmacht als Nachweis allerdings nicht aus. Häufig akzeptieren sie nur hauseigene Formulare für die Regelung der Bankgeschäfte eines Vollmachtgebers. Für dieses Verhalten der Banken gibt es zwar keine gesetzliche Grundlage, aber die Institute versuchen dies über ihre allgemeinen Geschäftsbedingungen für Kunden trotzdem zur Pflicht zu machen. Dahinter steckt häufig, dass die Banken durch hauseigene Formulare einen geringeren Verwaltungsaufwand anstreben.
Das Problem: Wer mehrere Konten bei unterschiedlichen Banken hat, braucht dadurch für jede einzelne Bank eine extra Vollmacht, die er in der jeweiligen Filiale unterschreiben muss. Ganz schön aufwendig.

Verschiedene Kontovollmachten

Vollmacht	Inhalt der Vollmacht	Vor- und Nachteile
Unbeschränkte Kontovollmacht	Damit ermächtigen Sie den Bevollmächtigten, ohne Einschränkung auf Ihr Konto zuzugreifen, auch Ihren eventuell bestehenden Dispositionskredit auszuschöpfen.	Der Bevollmächtigte ist weitestgehend flexibel. Um möglichen Missbrauch zu verhindern, sollte daneben ein Kontrollbevollmächtigter benannt werden, der wie ein Kassenwart die Ein- und Ausgänge auf dem Konto überprüft (siehe Seite 22 „Kontrollbevollmächtigter").
Beschränkte Kontovollmacht	Der Bevollmächtigte darf nur eine bestimmte Summe abheben, zum Beispiel maximal 1 000 Euro pro Monat. Bei höheren Summen ist die Zustimmung einer zweiten Person erforderlich.	Die Beschränkung führt zu einer Kontrolle des Bevollmächtigten. Nachteil ist, dass er nicht so flexibel handeln kann wie bei der unbeschränkten Vollmacht.
Vollmacht über den Tod hinaus	Ihr Bevollmächtigter kann auch nach Ihrem Tod weiter auf Ihr Konto zugreifen.	Der Bevollmächtigte ist auch in der Lage, bis zu Ihrem Tod entstehende, aber erst danach fällige Verbindlichkeiten zu begleichen. Außerdem kann er die Beerdigung zahlen, wenn dies so festgelegt ist.
Vollmacht auf den Todesfall	Die Vollmacht greift erst, wenn Sie verstorben sind. Bis dahin ist sie nicht in Kraft.	Für den Fall, dass Sie nicht mehr selbst entscheiden können, ist diese Vollmacht ungeeignet. Falls der Bevollmächtigte kein Erbe wird, kann es nach Ihrem Tod leicht zu Streit zwischen ihm und den Erben kommen.

Keine einheitlichen Befugnisse

Außerdem muss der Kontoinhaber auch das Kleingedruckte genau lesen. Denn die institutseigenen Bankformulare räumen den Bevollmächtigten auch noch unterschiedliche Rechte ein. Da die gesetzliche Basis fehlt, gibt es keine einheitliche Regelung.

Weitgehender Konsens unter den Banken ist nur, dass ein Bevollmächtigter mit einer anerkannten bankeigenen Vollmacht alle Geschäfte ausführen kann, die unmittelbar mit der Kontoführung zusammenhängen: Er darf also in der Regel Schecks ausfüllen, Überweisungen tätigen, Geld abheben, bewilligte Kredite in Anspruch nehmen und Kontoauszüge anerkennen.

Konten aufzulösen, Untervollmachten zu erteilen oder Finanztermingeschäfte zu tätigen, erlauben die meisten Banken nicht. Mühsam wird die Kontoverwaltung in der Praxis beispielsweise, wenn eine Direktbank kein Onlinebanking durch Bevollmächtigte akzeptiert. Wie Finanztest bei einer Untersuchung festgestellt hat, ist das bei einigen Banken der Fall. Achten Sie daher darauf, wenn Ihnen dieser Punkt wichtig ist.

Wem der Rechteumfang des bankeigenen Formulars nicht reicht, der sollte die gewünschten Sonderrechte in einer individuellen Vollmacht mit einem Notar schriftlich festlegen und beurkunden lassen. Akzeptiert die Bank ein solches Dokument nicht, muss ein Anwalt eingeschaltet werden.

Soll der Bevollmächtigte nicht nur die Bankangelegenheiten regeln, sondern auch Immobiliengeschäfte abwickeln, den Handelsbetrieb weiterführen oder das Haus beleihen können, braucht er dafür immer eine Vollmacht mit öffentlich beglaubigter Unterschrift und meist auch mit einer notariellen Beurkundung.

Bankeigene Formulare verstehen

Begriffswirrwarr. Generalvollmacht, Kundenvollmacht, Verfügungsberechtigung, Kontovollmacht oder Vorsorgevollmacht – Bankkunden sollten sich nicht durch unterschiedliche Namen der Formulare verwirren lassen. Wichtig ist, dass der Bevollmächtigte im Ernstfall auf alle Konten zugreifen kann, und zwar am besten auch über den Tod hinaus. Vollmachtgeber sollten vorher mit ihrer Bank klären, welche Rechte der Bevollmächtigte hat und unter welchen Voraussetzungen er auf die Konten zugreifen kann. Vorsicht: Manche Vollmachten gelten bei den Banken sofort. Andere kann der Bevollmächtigte nur unter bestimmten Voraussetzungen verwenden, beispielsweise bei einem plötzlichen Koma.

Bankeigene Vorschriften. Die meisten Bankinstitute verlangen, dass Kunden hauseigene Formulare ausfüllen. Der Bevollmächtigte muss also wissen, wie viele Konten es zu verwalten gibt. Damit es im Ernstfall keine Schwierigkeiten gibt, sollte der Kontoinhaber bei jeder einzelnen Bank eine entsprechende Vollmacht einholen. Dabei muss er, wenn nötig, auch an die Bankschließfächer denken.

Kunden von Direktbanken

Direktbankkunden können bei ihrer Bank die entsprechenden Formulare anfordern und ihre Identität per Post-ident-Verfahren nachweisen. Der Einsatz einer Vollmacht bei einer Direktbank kann allerdings kompliziert sein: Comdirect verlangt beispielsweise aus Sicherheitsgründen für jede einzelne Transaktion, dass der Bevollmächtigte die Vollmacht im Original sowie eine Identitätsfeststellung per Post schickt. Ausnahme: Er besitzt eine notariell beurkundete Generalvollmacht oder eine hauseigene Kontovollmacht, die unabhängig vom Pflegefall gilt.

Über den Tod hinaus gültig

In einer Vollmacht sollte vermerkt werden, wie lange sie gültig ist. Dabei ist es sinnvoll, dass sie über den Tod hinaus Bestand hat. Stirbt der Kontoinhaber und es liegt keine „transmortale Vollmacht" vor, sperrt die Bank in der Regel den Zugang zu sämtlichen Konten und Depots – bis ein Erbschein vorliegt. Das kann lange dauern und zusätzliche Kosten verursachen.

Ein Urteil des Bundesgerichtshofs hat dieses Vorgehen allerdings jüngst infrage gestellt: Diese Klausel sei unzulässig und benachteilige Verbraucher. Gesetzlich gebe es keine Verpflichtung, die Erbberechtigung durch einen Erbschein zu belegen. Wie und in welcher Form ein solcher Nachweis erbracht wird, obliegt dem Erben (BGH, Az. XI ZR 401/12).

Eintrag im Vorsorgeregister

Was nützen die besten Vollmachten, wenn sie im Ernstfall nicht gefunden werden? Das Vorsorgeregister der Bundesnotarkammer hilft.

Wo eine Vollmacht liegt, ist genauso wichtig, wie dass es sie gibt. Sonst ist sie nutzlos. Vollmachten gehören daher in einen klar beschrifteten Ordner, der gut sichtbar immer an der gleichen Stelle im Regal steht. Ihn ins Bankschließfach zu tun ist falsch. Da ist er nur mit dem passenden Schlüssel und oft nur zu den Öffnungszeiten der Bank zu haben. Bevollmächtigte müssen wissen, wo der Ordner steht, und sie müssen ihn dort holen können.

Aber: „Es empfiehlt sich, Vollmachten nicht sofort an die Bevollmächtigten auszugeben, sondern bis zum Vorsorgefall bei seinen eigenen Unterlagen aufzubewahren", sagt Michael Gutfried, Leiter des Zentralen Vorsorgeregisters (ZVR). Dort sollten Vollmacht, Betreuungs- und Patientenverfügung registriert sein. Das Zentrale Vorsorgeregister wird von der Bundesnotarkammer in Berlin geführt. Es führt auf, welche Dokumente vorliegen und wer bevollmächtigt ist.

Das Register erleichtert den Gerichten die Arbeit. Sie können es rund um die Uhr nutzen. Durchschnittlich 20 000 Mal pro Monat fragen Gerichte beim Zentralen Vorsorgeregister an. Es enthält schon jetzt mehr als zwei Millionen Einträge.

Wichtig ist: Die Vollmachten selbst werden beim Register nicht hinterlegt. Sie werden auch nicht inhaltlich überprüft. Das Vorsorgeregister gibt lediglich Auskunft darüber,

➜ dass es Verfügungen gibt und

➜ welche Personen bevollmächtigt beziehungsweise als Betreuer vorgeschlagen werden.

UNSER RAT

Registrierung

Wenn Sie die Registrierung selbst vornehmen, gibt es zwei Möglichkeiten.

➜ Entweder können Sie Ihre Vorsorgevollmacht oder Betreuungsverfügung, wahlweise kombiniert mit einer Patientenverfügung, online (vorsorgeregister.de) registrieren lassen.

➜ Oder Sie fordern das Meldeformular unter der Nummer 0 800/3 55 05 00 (kostenfrei) an oder laden es sich von der Internetseite des Registers herunter und schicken es dann auf dem Postweg.

Wenn Sie eine notariell beurkundete Vorsorgevollmacht oder Betreuungsverfügung haben, organisiert Ihr Notar oft auch den Eintrag ins Register.

Wo die Vollmachten aufbewahrt werden, kann auf Wunsch mit angegeben werden. Wir empfehlen, den Aufbewahrungsort unbedingt anzugeben.

Die Eintragung im Vorsorgeregister kostet abhängig von der Zahlungsart, der Zahl der Bevollmächtigten, und ob sie per Post oder online erfolgt, mindestens 13 Euro.

Wann ein Gang zum Notar sinnvoll ist

Meist reicht eine schriftliche Vorsorgevollmacht aus. Die Beurkundung beim Notar ist selten nötig, aber in vielen Fällen empfehlenswert.

Für manche Fälle reicht eine einfache Vorsorgevollmacht nicht aus. Besondere Vorschriften gelten vor allem für Gebäude und Eigentumswohnungen.

Zunächst gilt: Es ist sogar möglich, mündlich eine Vorsorgevollmacht zu erteilen, die wirksam ist. Bevollmächtigte können sie dann jedoch kaum nachweisen. Deshalb ist eine unterschriebene Vorsorgevollmacht in der Praxis unentbehrlich. Das Dokument können Bevollmächtigte dann bei allen Geschäften vorlegen, die sie für den Vollmachtgeber vornehmen.

Vollmacht zum Handeln

Das Dokument sollten Vollmachtgeber und der oder die Bevollmächtigte/n eigenhändig unterschreiben. Auch Ort und Datum gehören aufs Papier. Der Text kann hand- oder maschinenschriftlich verfasst oder ein vorgedrucktes Formular sein – wie das Formular in diesem Ratgeber.

Mit einer unterschriebenen und umfassenden Vollmacht können Bevollmächtigte handeln und nachweisen, dass sie das dürfen: die Post in Empfang nehmen, das Auto verkaufen und die Kfz-Versicherung kündigen. Geht es um einen Platz in einem Pflegeheim, unterschreiben sie auch den Pflegeheim-Vertrag und kündigen – falls notwendig – den Miet- und Telefonvertrag für die bisherige Wohnung und lösen den Haushalt auf. Vielleicht müssen sie auch Medikamente oder Krankenhausrechnungen bezahlen und bei der privaten Krankenversicherung einreichen. Oft sind auch Renten- und Versicherungsfragen zu klären. All das können sie mit einer einfachen Vorsorgevollmacht regeln.

Urkunde erleichtert vieles

Anders ist das im Umgang mit Banken. Nicht alle Banken akzeptieren problemlos eine einfache Vorsorgevollmacht. Bankinstitute erkennen in der Regel nur eine vom Notar beurkundete Vorsorgevollmacht an oder bieten alternativ ein eigenes Bankformular an (siehe „Bankvollmacht" Seite 31). Mit dem bankeigenen Formular ist der Zugriff auf das Konto im Vorsorgefall unkompliziert.

Sind mehrere Banken im Spiel, haben Vollmachtgeber viel zu tun, bis sie alle Bankformulare beisammen haben. Viele Menschen haben heute nicht nur ein Girokonto bei der Sparkasse, Volks- oder Raiffeisenbank oder Privatbank vor Ort, sondern erledigen auch Bankgeschäfte via Internet, haben ein Depot, Festgeld- oder Tagesgeldkonten bei verschiedenen Instituten. Damit der Bevollmächtigte handeln kann, müssen sie für jedes Institut ein Bankformular organisieren.

Für die Bankvollmacht bei einer Direktbank müssen sie schriftlich und mit dem üblichen Identverfahren über eine Postfiliale festlegen, welche Geldgeschäfte der Bevollmächtigte im Ernstfall erledigen darf.

Eine notariell beurkundete Vollmacht akzeptieren Banken hingegen uneingeschränkt. Sie ist „die einfachste und beste Lösung für Vermögensangelegenheiten", sagt Michael Gutfried, Leiter des Vorsorgeregisters der Bundesnotarkammer.

Besonderheit bei Immobilienverkauf

Geht es um Immobilien und sollen Haus oder Eigentumswohnung verkauft werden, ist eine öffentliche Beglaubigung der Unterschrift unter der Vollmacht nötig. Das regelt Paragraf 29 der Grundbuchordnung. Das Grundbuchamt kann sonst den Erwerber der Immobilie nicht als Eigentümer eintragen.

Solch eine Unterschriftsbeglaubigung für die Vorsorgevollmacht oder die Betreuungsverfügung nimmt auch die örtlich ansässige Betreuungsstelle oder Betreuungsbehörde vor. Die Gebühr pro Unterschrift beträgt nur 10 Euro. Beim Notar sind die Gebühren wesentlich höher, je nachdem, um welche Vermögenswerte es geht.

Was häufig selbst Juristen nicht wissen: Eine aufwendige und teure notarielle Beurkundung von Vorsorgevollmachten ist für Immobiliengeschäfte nicht erforderlich. Bevollmächtigte müssen nur mittels Vorsorgevollmacht nachweisen, dass sie bevollmächtigt sind. Das ergibt sich aus Paragraf 167, Absatz 2 im Bürgerlichen Gesetzbuch.

Einen Nachteil hat das kostengünstige Verfahren der Unterschriftsbeglaubigung bei einer Betreuungsbehörde aber: Die Behörde prüft nicht, ob der Text der Vorsorgevollmacht inhaltlich richtig, juristisch sinnvoll und vollständig ist. Hat sich eine unwirksame Formulierung eingeschlichen, kann der Bevollmächtigte trotz des Siegels der Behörde nicht wirksam handeln. „Insbesondere selbst verfasste Vorsorgevollmachten sind häufig ungenügend", sagt Michael Gutfried.

Fehler beim Formulieren

Eine häufige Fehlerquelle ist zum Beispiel die Formulierung „wenn ich wegen Alters oder Krankheit nicht mehr selbst handeln

UNSER RAT

Immobilien

Geht es in der Vorsorgevollmacht auch um den Verkauf von Immobilien, müssen Sie die Unterschrift öffentlich beglaubigen lassen. Das ist bei einer Betreuungsstelle für 10 Euro möglich. Mehr Rechtssicherheit bietet die Beurkundung der Vollmacht bei einem Notar.

kann". Die Vorsorgevollmacht ist dann an die Bedingung geknüpft, dass der Gesundheitszustand des Vollmachtgebers sehr schlecht ist. Das kann jedoch bei einem Vertragsabschluss kaum jemand überprüfen. Die Vollmacht ist dann praktisch unbrauchbar. „Häufig tauchen auch Probleme auf, wenn mehrere Personen bevollmächtigt sind", so Michael Gutfried. Liegt beispielsweise die Vermögensvorsorge bei zwei Personen und ist nicht klar geregelt, wer welche Entscheidungen treffen darf, kommt es schon mal zum Streit. Im Zweifelsfall entscheidet dann das Betreuungsgericht, wie das Vermögen verwendet wird.

Ein Beispiel: Zu einem Rechtsstreit kam es, als in einem Vorsorgefall das Grundbuchamt den Bevollmächtigten nicht erlaubte, die Immobilie für die Mutter zu verkaufen. Sie hatte in ihrer Vorsorgevollmacht die erwachsenen Kinder mit der Vermögensverwaltung bevollmächtigt. Die Formulierung lautete: **„Sie dürfen mein Vermögen verwalten und hierbei alle Rechtshandlungen im In- und Ausland vornehmen."** Das Grundbuchamt lehnte die Eintragung des Grundstücksgeschäfts im Grundbuch ab, da mit den Worten „verwalten" nicht auch der Verkauf gemeint gewesen sei. Die Bevollmächtigten wehrten sich gegen diese Ablehnung

Einen Notar finden

1 **Notarsuche.** Notare stehen überall in Deutschland als Ansprechpartner zur Verfügung. Sie helfen, eine Vorsorgevollmacht zu formulieren, beglaubigen die Unterschrift oder beurkunden die Vollmacht. Die Bundesnotarkammer (www.bnotk.de), bei der alle in Deutschland tätigen Notare registriert sind, hilft bei der Suche. Im Internet können Sie unter www.notar.de nach Notaren an Ihrem Wohnort oder in Ihrem Bundesland suchen.

2 **Kosten.** Was Notare an Kosten (Gebühren und Auslagen) in Rechnung stellen dürfen, ist festgeschrieben. Diese richten sich nach dem Wert des Vermögens. Der Notar ist verpflichtet, die gesetzlich vorgeschriebenen Gebühren zu erheben – nicht mehr und nicht weniger. Das hat für Bürger einen entscheidenden Vorteil: Die Beratung einschließlich der Entwurfstätigkeit des Notars ist in der Beurkundungsgebühr enthalten. Sie ist unabhängig von der Schwierigkeit, vom Aufwand und von der Anzahl der Besprechungstermine. Bei Vorsorgevollmachten, die sich auf den Krankheitsfall beschränken, werden meist nur zirka 30 Prozent des Vermögens für die Berechnung der Gebühren herangezogen.

3 **Zentrales Vorsorgeregister.** Beim zentralen Vorsorgeregister (www.vorsorgeregister.de) können Vorsorgevollmacht, Patientenverfügung und Betreuungsverfügung registriert werden (siehe Seite 35 „Eintrag im Vorsorgeregister"). Darüber hinaus beantwortet die Stelle kostenlos Fragen rund um Notarsuche, Vorsorgevollmacht und Registrierung. Telefon: 0 800/3 55 05 00.

4 **Aktuelle Rechtsprechung.** Wer sich rechtlich schlau machen will, findet auf den Internetseiten des Deutschen Notarinstituts (www.dnoti.de) kostenlos Informationen zur aktuellen Rechtsprechung, Gesetzestexte und einen Einblick in die Tätigkeitsbereiche von Notaren.

und zogen vor Gericht. Erst in zweiter Instanz entschied dann das Oberlandesgericht München, dass Vermögensverwaltung auch den Verkauf eines Grundstücks umfasst (OLG München, Az. 34 Wx 97/09 und 34 Wx 097/09).

Mit Siegel vom Notar

Wer ganz sicher sein will, sollte die Vorsorgevollmacht trotz der höheren Kosten bei einem Notar beurkunden lassen. „Ein Notar berät den Vollmachtgeber und entwirft den Text für die Vollmacht oder prüft einen vorgelegten Text", sagt Gutfried. Im Gespräch macht sich der Notar ein Bild davon, was der Vollmachtgeber will, und klärt über Tragweite und Risiken jeder einzelnen Regelung auf. Schließlich sorgt der Notar dafür, dass die Formulierungen in der Vollmachtsurkunde rechtssicher sind. Er garantiert auch, dass der Vollmachtgeber geschäftsfähig ist.

Ein weiterer Vorteil der notariellen Beurkundung: Die Originalvollmacht bleibt im Besitz des Notars. Die Bevollmächtigten erhalten eine Ausfertigung. Damit ist sichergestellt, dass der Text nicht nachträglich geändert werden kann.

Mit anderen Worten: Wer seine Vorsorgevollmacht beim Notar beurkunden lässt, kann sich darauf verlassen, dass seine Bevollmächtigten im Falle eines Falles alles wie gewünscht regeln können.

Die Kosten für die notarielle Beurkundung sind abhängig vom Wert des Vermögens. Bei einem Vermögen von rund 250 000 Euro liegen die Kosten für Beratung, Vorsorgetext und Beurkundung etwa zwischen 260 und 360 Euro, bei einem Vermögenswert von 500 000 Euro zwischen 420 Euro und 640 Euro. Ist das Vermögen geringer, sinken die Kosten.

Notarvollmacht für Kreditaufnahme

Gar nicht selten ist es sinnvoll, dem Bevollmächtigten auch eine Kreditaufnahme zu erlauben. Das kann wichtig sein, wenn im Vorsorgefall vielleicht der Umzug in eine neue Wohnung, eine besondere Krankenbehandlung oder ein Pflegeheimplatz zwischenfinanziert werden muss.

Dabei gilt: Wer die Befugnis zur Kreditaufnahme in der Vorsorgevollmacht regeln will, muss die Vollmacht notariell beurkunden lassen. Verbraucher dürfen sich bei der Kreditaufnahme sonst nämlich nur vertreten lassen, wenn schon bei der Bevollmächtigung feststeht, was für einen Kredit sie aufnehmen wollen und wenn alle Pflichtangaben der Bank zum Darlehen in der Vollmacht enthalten sind.

Ausnahme: Vollmachtgeber haben mit ihrer Bank eine spezielle Vereinbarung getroffen (siehe Seite 31 „Bankvollmacht").

Für alle Angelegenheiten

Möglich ist auch eine Generalvollmacht „zur Vertretung in allen Angelegenheiten". Im Privatbereich fasst eine Generalvollmacht in der Regel wichtige Inhalte wie die der Patientenverfügung, der Vorsorgevollmacht oder der Betreuungsverfügung zusammen. Folgende Fälle deckt sie allerdings nicht automatisch ab:

→ Zustimmung zu Operationen im Falle von Lebensgefahr,

→ Einwilligung zur Unterbringung in freiheitsentziehenden Maßnahmen,

→ Behandlungsverweigerung beziehungsweise -abbrüche,

→ Zustimmung zu Organspenden.

Diese Maßnahmen müssen, sofern sie berücksichtigt werden sollen, ausdrücklich geregelt werden.

Was ein Notar anbietet

Sie können eine Vorsorgevollmacht bei einem Notar beglaubigen lassen oder sie beurkunden lassen. Eine Beurkundung umfasst deutlich mehr als eine Beglaubigung.

Beglaubigung. Der Notar prüft die Identität des Unterschreibenden und dessen Geschäftsfähigkeit. Mit der Beglaubigung der Unterschrift ist der Beweis der Echtheit der Unterschrift erbracht. Die Beglaubigung bezieht sich nicht auf den Inhalt und den Text der Vorsorgevollmacht.

Beurkundung. Der Notar bespricht den Inhalt der Vollmacht mit allen Beteiligten. Er berät bei Formulierungen, entwirft einen Text oder prüft eine vorgelegte Vollmacht. Er prüft die Geschäftsfähigkeit des Vollmachtgebers und klärt über Tragweite und Risiken jeder Regelung auf. Die Urkunde bleibt im Besitz des Notars. Nachträgliche Änderungen am Text sind ohne Zustimmung aller Beteiligten nicht mehr möglich. Der Notar berät auch hinsichtlich einer Patientenverfügung (mehr dazu im Internet unter www.vorsorgeregister.de).

Betreuungs-verfügung

Wer keine Vorsorgevollmacht hat, steht im Ernstfall nicht allein da. Wenn jemand selbst nicht mehr entscheiden kann oder in eine Notsituation gerät, setzt das Betreuungsgericht einen Betreuer ein. Ist kein Partner oder enger Verwandter dafür geeignet, wird eine fremde Person beauftragt.

Mit einer Betreuungsverfügung können Menschen vorher festlegen, wer die Betreuung für sie einmal übernehmen soll. In manchen Fällen kann es sogar sinnvoll sein, eine Vorsorgevollmacht und eine Betreuungsverfügung zu kombinieren.

Wegweiser durch die Betreuungsverfügung

Trotz einer Vorsorgevollmacht kann es passieren, dass das Gericht eine Betreuung einrichten muss. Dafür ist eine Betreuungsverfügung sinnvoll. Wer keine Vorsorgevollmacht hat, sollte in jedem Fall für den Betreuungsfall vorsorgen.

Die wichtigsten Fragen

Wozu brauche ich eine Betreuungsverfügung, wenn ich eine Vorsorgevollmacht erteilt habe?

Diese dient Ihrer zusätzlichen Sicherheit. In einer Betreuungsverfügung können Sie festlegen, wen das Gericht als Ihren Betreuer einsetzen soll, falls dies einmal notwendig werden sollte.

Grundsätzlich wird eine Betreuung nicht angeordnet, wenn Sie eine Vorsorgevollmacht erteilt haben. Es gibt jedoch Ausnahmefälle, in denen trotz einer Vorsorgevollmacht eine Betreuung eingerichtet werden muss. So zum Beispiel, wenn der in der Vorsorgevollmacht benannte Bevollmächtigte verstorben ist. Denkbar ist auch, dass der Bevollmächtigte inzwischen selbst unter Betreuung steht und Sie aus diesem Grund nicht mehr vertreten kann. Wenn Sie in diesen Fällen in Ihrer Vorsorgevollmacht keine Ersatzbevollmächtigten benannt haben oder diese verhindert sind, läuft die Vollmacht ins Leere. In diesem Fall ordnet das Gericht eine gesetzliche Betreuung an, wenn Sie Ihre Angelegenheiten nicht mehr selbst regeln können. Dies ist der Augenblick, in dem Ihre Betreuungsverfügung greift. Das Gericht ist bei der Auswahl eines Betreuers an Ihre Vorschläge gebunden, sofern dies Ihrem Wohl entspricht.

Tipp: Auch wenn Sie eine umfassende Vorsorgevollmacht erteilt haben, ist eine zusätzliche Betreuungsverfügung empfehlenswert.

Für welche Aufgaben ist der Betreuer zuständig?

Das hängt davon ab, inwieweit Sie noch in der Lage sind, Ihre Angelegenheiten selbst zu regeln.

Wichtiger Hinweis: Solange Sie selbst geschäftsfähig sind, können Sie natürlich über alle Ihre Belange selbst entscheiden. Aufgabe eines Betreuers ist es dann lediglich, Sie auf bestmögliche Weise zu unterstützen (siehe Seite 46 „Wann eine Betreuung eingerichtet wird" sowie Seite 53 „Berufsbetreuer").

Hat eine Betreuungsverfügung gegenüber der Vorsorgevollmacht Vor- oder Nachteile?

Das Betreuungsverfahren ist ein formales gesetzliches Verfahren mit strengen Regelungen. Der Betreuer unterliegt der Kontrolle des Gerichts und muss Rechenschaft über seine Arbeit ablegen. Wer generell nicht wünscht, dass die Behörden seine persönlichen Angelegenheiten regeln, kann mit einer Vorsorgevollmacht festlegen, wer ihn im Fall der eigenen Handlungsunfähigkeit vertreten soll. In diesem Fall bleibt der Staat in der Regel außen vor.

In der Praxis kommt es leider immer wieder vor, dass Vorsorgevollmachten missbraucht werden, etwa durch Veruntreuung oder Unterschlagung von Vermögen. Nur selten werden solche Missbrauchsfälle aufgedeckt, weil eine Kontrolle durch ein Gericht nicht stattfindet.

Um Missbrauch vorzubeugen, besteht neben der Möglichkeit, eine Kontrollperson in der Vorsorgevollmacht zu benennen, als weitere Absicherungsvariante der Weg, ausschließlich eine Betreuungsverfügung zu verfassen und auf eine Vorsorgevollmacht komplett zu verzichten.

Tipp: Es ist allein Ihre Sache, was und wie Sie etwas regeln wollen. Lassen Sie sich dabei nicht von Außenstehenden unter Druck setzen.

Kann eine Betreuungsverfügung allein sinnvoll sein?

Ja, wenn Ihr Vermögen einen gewissen Umfang hat und Sie keine Vertrauenspersonen haben, die als Bevollmächtigte infrage kommen, kann es überlegenswert sein, nur eine Betreuungsverfügung unter Nennung einer bekannten Person zu erstellen und auf eine Vorsorgevollmacht zu verzichten. Vorteil: Eine Kontrolle dieser Person durch das Gericht ist gewährleistet.

Welche formalen Anforderungen sind zu beachten?

Sie sollten die Betreuungsverfügung unbedingt schriftlich verfassen, Ort und Datum angeben und das Dokument unterschreiben. Das Gericht fordert die Vorlage der Betreuungsverfügung im Original, falls eine Betreuung eingerichtet werden muss. Daher ist es sehr wichtig, dass die Verfügung dann auch verfügbar ist.

Tipp: Übergeben Sie am besten der Person, die Sie als Betreuer eingesetzt haben, das Original zur Aufbewahrung. Bei der Betreuungsverfügung müssen Sie keinen Missbrauch befürchten, da der Betreuer erst tätig werden kann, wenn das Gericht ihn offiziell eingesetzt hat.

Zusätzlich ist es ratsam, die Betreuungsverfügung genau wie die Vorsorgevollmacht beim Zentralen Vorsorgeregister erfassen zu lassen. Dadurch stellen Sie sicher, dass das Gericht den von Ihnen benannten Betreuer tatsächlich einsetzt, wenn es nötig wird, auch wenn er sich dann nicht von sich aus beim Gericht meldet.

So sorgen Alleinlebende vor

Viele Menschen leben heute allein. Für den Fall der eigenen Handlungsunfähigkeit können sie auf folgende Weisen einen zuverlässigen Betreuer vor Ort finden:

Betreuungsverein aufsuchen. In fast allen Städten und Gemeinden helfen Betreuungsvereine und Betreuungsbehörden weiter. Dort arbeiten überwiegend ehrenamtliche Betreuer.

Kirche. Sie können Ihr Anliegen auch an Ihre Kirche, an Hospiz-, Caritas- und Wohlfahrtsverbände herantragen. Auch hier arbeiten überwiegend ehrenamtliche Betreuer.

Anwalt. Hilfe gibt es zudem bei Rechtsanwälten und Notaren. Manche Anwälte haben sich auf das Thema Vorsorge spezialisiert. Sie bieten zum Beispiel an, als Bevollmächtigte zur Verfügung zu stehen, wenn dafür niemand aus dem Angehörigen- und Bekanntenkreis in Betracht kommt.

Eigenschaften des Betreuers. Falls Sie niemanden finden, bleibt Ihnen noch die Möglichkeit, in einer Betreuungsverfügung zum Beispiel festzulegen, ob Sie von einem Mann oder einer Frau betreut werden möchten. Sie können auch regeln, aus welchem Umfeld – Kirche, Wohlfahrtsverband – Sie einen Betreuer wünschen.

Vorsorgevollmacht und / oder Betreuungsverfügung?

Die Entscheidung, ob Sie eine Vorsorgevollmacht und / oder eine Betreuungsverfügung erteilen, hängt besonders davon ab, wie Ihre persönliche Lebenssituation aussieht und welche Vorstellungen und Wünsche Sie haben.

	Vorsorgevollmacht	Betreuungsverfügung
Sie haben in Ihrem Umfeld Personen, denen Sie vertrauen, und möchten verhindern, dass der Staat Ihre Angelegenheiten regelt?	☑ **Ja** Damit können Sie sicherstellen, dass Ihre Wünsche und Interessen durchgesetzt werden, ohne dass das Betreuungsgericht[1] eingeschaltet wird.	☑ **Ja** Dient der zusätzlichen Sicherheit, falls trotz der Vorsorgevollmacht eine Betreuung eingerichtet werden muss.
Sie leben allein und haben niemanden in Ihrer Nähe, den Sie bevollmächtigen möchten. Sie kennen aber einen Betreuungsverein oder haben Bekannte / Nachbarn, die eine Betreuung übernehmen würden?	☒ **Nein** Kommt nicht in Betracht, wenn Sie keine engen Angehörigen haben.	☑ **Ja** Vorteil: Ihre Vorstellungen werden so weit wie möglich berücksichtigt, wenn das Gericht eine Betreuung einrichtet. Der Betreuer unterliegt der Kontrolle des Gerichts.
Sie haben in Ihrem Umfeld zwar Personen, denen Sie vertrauen, wünschen aber gleichwohl für einige Bereiche, zum Beispiel die Verwaltung Ihres Vermögens, eine gerichtliche Kontrolle?	☑ **Ja** Ihre Vorsorgevollmacht umfasst nur die Bereiche, in denen Sie keine gerichtliche Kontrolle wünschen, die Vermögensfürsorge bleibt außen vor.	☑ **Ja** Sie benennen Personen Ihres Vertrauens. Falls dann das Gericht eine Betreuung für Sie einrichten muss, ist es an Ihre Vorschläge gebunden.

1) Das Betreuungsgericht wird trotz Vorsorgevollmacht tätig, wenn es um ärztliche Maßnahmen geht und/oder um eine Unterbringung, die mit Freiheitsentziehung verbunden ist (Paragraf 1904 und Paragraf 1906 Bürgerliches Gesetzbuch).

Ausfüllhilfe Betreuungsverfügung

In der Betreuungsverfügung können Sie festlegen, welche Personen Sie zu Ihrem Betreuer bestellen möchten. Der Betreuer unterliegt der Kontrolle durch das Gericht und muss regelmäßig Rechenschaft ablegen.

Trennen Sie das Formular für die Betreuungsverfügung heraus, legen Sie es neben diese Anleitung und füllen Sie Schritt für Schritt die Ihnen wichtigen Punkte aus.

Für den Fall, dass ich,

Hier geben Sie Ihren vollständigen Namen und Ihre Adresse an.

wegen Krankheit, Behinderung, den Folgen eines Unfalls oder anderen Umständen …

Die Betreuungsverfügung greift erst, wenn Sie wegen der aufgelisteten Gründe nicht mehr in der Lage sind, selbst zu entscheiden. Das Gericht beauftragt im Einzelfall einen Gutachter, um den Geistes- und Gesundheitszustand festzustellen.

… zum Betreuer/zur Betreuerin zu bestellen:

Falls dies möglich ist, geben Sie mehrere Personen an, die Ihre Betreuung übernehmen könnten. Sofern Sie eine Vorsorgevollmacht erstellt haben, können Sie dieselben Personen benennen, die Sie dort benannt haben. Sie sollten für den Fall einer gerichtlichen Betreuung aber mindestens eine Person zusätzlich benennen. Fragen Sie sie vorher, ob sie mit der Übernahme des Amtes einverstanden ist.

Folgende Person/en lehne ich als Betreuer ab:

Sie können auch regeln, wen Sie auf keinen Fall als Betreuer wünschen. Das können beispielsweise bestimmte Familienmitglieder oder Verwandte sein, denen Sie misstrauen.

Sollte ich eine Patientenverfügung haben …

Sofern Sie eine Patientenverfügung haben, stellen Sie sicher, dass Betreuungsgericht und Betreuer/in Kenntnis von Ihrer Patientenverfügung haben und entsprechend handeln können.

Unterschrift

Unterschreiben Sie mit Ihrem vollständigen Namen und ergänzen Sie Ort und Datum.

Zeuge/Zeugin

Hier können Sie eine Person benennen, die Sie bei der Betreuungsverfügung unterstützt oder beraten hat. Auch sie sollte mit vollem Namen, Ort und Datum unterschreiben.

Wann eine Betreuung eingerichtet wird

Gibt es niemanden, dem man eine Vollmacht übertragen kann, ist die Betreuungsverfügung das Mittel der Wahl. Darin steht, wer im Fall eines Betreuungsverfahrens der Betreuer sein soll.

Mit einer Vorsorgevollmacht und einer Patientenverfügung können Menschen ihr Leben vor dem Tod regeln, sofern sie irgendwann nicht mehr selbst entscheiden können. Gibt es weder Vollmacht noch Verfügung, bestimmt dann das Betreuungsgericht einen Betreuer. Er klärt Vermögensfragen, regelt die Wohnsituation und entscheidet über gesundheitliche Belange.

Jeder kann in eine Situation geraten, in der eine rechtliche Betreuung nötig ist. Ende 2011 gab es laut Bundesamt für Justiz über

1,3 Millionen Menschen, die eine rechtliche Betreuung brauchten. Will jemand im Fall eines gerichtlichen Verfahrens selbst bestimmen, wer sein gesetzlicher Vertreter sein soll, kann er das in einer Betreuungsverfügung festhalten.

Betreuer ist notwendig

Ein rechtlicher Betreuer ist notwendig, wenn ein Mensch wegen einer Erkrankung oder

Das gerichtliche Betreuungsverfahren Das Verfahren beginnt mit der schriftlichen Anregung einer Betreuerbestellung beim Betreuungsgericht, einer Abteilung des Amtsgerichts. Das Gericht ist verantwortlich für das Verfahren und koordiniert es.

Bürger

kann Entscheidungen im Leben selbst nicht mehr treffen.

Mögliche Betreuer
→ Angehörige
→ Vereins- oder Berufsbetreuer

Anregung der Betreuung

durch Betroffenen selbst oder durch andere Personen

Im Notfall: Anregung der Betreuung

zum Beispiel nach einem Unfall durch Krankenhauspersonal

Betreuungsgericht

→ entscheidet über den Zeitraum der Betreuung
→ wählt Betreuer aus, soweit möglich nach Willen des Betroffenen
→ legt Aufgabenbereiche für Betreuung fest
→ Kontrolle der rechtlichen Betreuer

Verfahrenspfleger

vertritt den Betroffenen im gerichtlichen Verfahren, wenn zum Beispiel
→ persönliche Anhörung nicht möglich
→ die Betreuung in allen Angelegenheiten notwendig ist

einer Behinderung rechtliche Entscheidungen nicht mehr selbst treffen kann. Vor allem im hohen Alter kann das erforderlich werden.

„Geht die Übersicht über Konto, Miete oder Medikamente verloren, ist das meistens ein Hinweis darauf, dass die geistigen Fähigkeiten stark nachlassen und ein Betreuer eingesetzt werden sollte", sagt Holger Kersten, Leiter der Betreuungsstelle Hamburg. Besonders häufig geschieht das im fortgeschrittenen Stadium einer Demenz. Eigenständige Entscheidungen sind dann kaum mehr möglich.

Die Ernennung eines Betreuers kann aber auch ganz plötzlich erforderlich sein – etwa dann, wenn ein Mensch verunglückt und ins Koma fällt oder er einen Schlaganfall erleidet, dessen Folge eine Demenz ist.

In beiden Fällen wird das Betreuungsgericht in einem Eilverfahren einen vorläufigen Betreuer bestellen. Sobald der Patient jedoch wieder selbst entscheiden kann, hebt das Gericht die Betreuung auf. Erholt sich der Patient dagegen nicht mehr, wird in der Regel der vorläufige zum endgültigen Betreuer.

Das Betreuungsgericht prüft

Bei der Betreuungsverfügung muss das Betreuungsgericht die rechtliche Betreuung anordnen, bevor der benannte Betreuer tätig werden kann. Bei einer Vorsorgevollmacht ist das nicht notwendig. Sie funktioniert ohne gerichtliches Verfahren.

Auch muss die Einrichtung einer Betreuung schriftlich beim Gericht angeregt werden – vom Betroffenen selbst oder seinen Angehörigen. Häufig erhält das Gericht auch Hinweise von Außenstehenden wie etwa vom Krankenhaus. „Aber auch von der Hausverwaltung kann er kommen, wenn demente Menschen beispielsweise plötzlich keine Miete mehr zahlen", sagt Alexandra Gerken. Sie ist die Leiterin des Berliner Betreuungsvereins Mitte. Der Verein über-

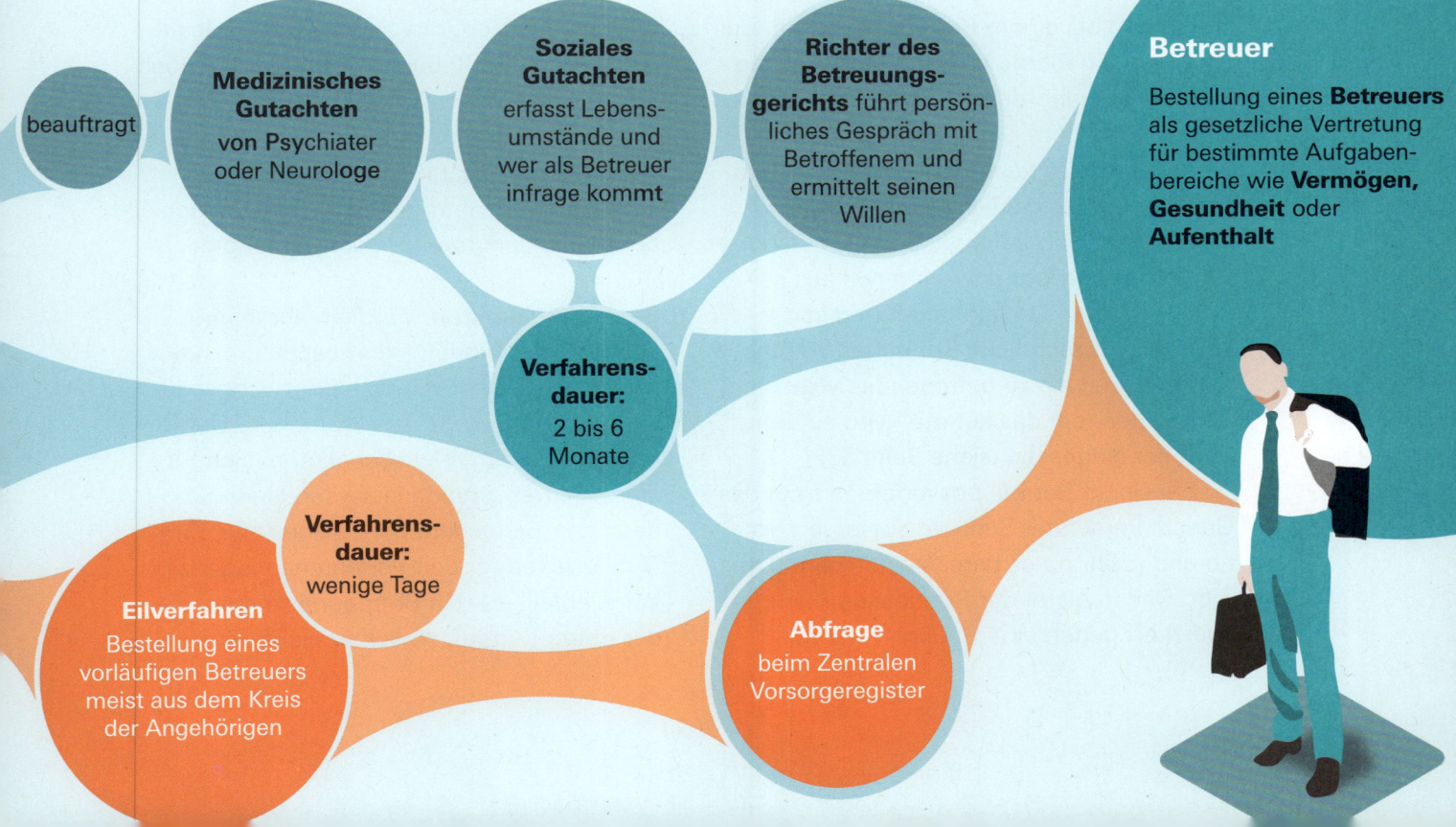

beauftragt

Medizinisches Gutachten von Psychiater oder Neurologe

Soziales Gutachten erfasst Lebensumstände und wer als Betreuer infrage kommt

Richter des Betreuungsgerichts führt persönliches Gespräch mit Betroffenem und ermittelt seinen Willen

Betreuer Bestellung eines **Betreuers** als gesetzliche Vertretung für bestimmte Aufgabenbereiche wie **Vermögen, Gesundheit** oder **Aufenthalt**

Verfahrensdauer: 2 bis 6 Monate

Verfahrensdauer: wenige Tage

Eilverfahren Bestellung eines vorläufigen Betreuers meist aus dem Kreis der Angehörigen

Abfrage beim Zentralen Vorsorgeregister

nimmt die rechtliche Vertretung für Menschen, die durch Krankheit oder Behinderung ihre Angelegenheiten nicht mehr selbst regeln können. Kann der Betroffene dagegen seine Belange im Verfahren nicht selbst wahrnehmen, bestellt das Gericht einen Verfahrenspfleger für ihn. Seine Aufgabe ist, den Betroffenen zu unterstützen und seine Rechte im Verfahren zu vertreten (siehe Grafik Seite 46).

Gutachten erfassen die Situation

Nachdem das Betreuungsgericht informiert wurde, beauftragt es Sachverständige, die ein Gutachten zur Gesundheit und Lebenssituation des Betroffenen erstellen.

Das medizinische Gutachten wird von einem Psychiater oder Neurologen geschrieben. Es klärt, wie stark eine Erkrankung oder Behinderung den Alltag des Betroffenen beeinflusst und wie lange er voraussichtlich Unterstützung braucht.

Das Gericht gibt außerdem ein soziales Gutachten bei einem Betreuungsverein, der Betreuungsbehörde oder -stelle in Auftrag. Betreuungsbehörde oder Betreuungsstelle arbeiten mit dem Gericht zusammen und sind meist beim Landkreis, in großen Städten bei den Bezirken angesiedelt. Dieser Bericht hält fest, unter welchen Umständen der Betroffene lebt und wer etwa aus seinem familiären Umfeld bereit und in der Lage ist, die rechtliche Betreuung zu übernehmen. Hat ein zu betreuender Mensch niemanden, der das könnte, wird ein Berufsbetreuer eingesetzt (siehe Seite 53).

Bei einem Betreuungsverfahren fragt das Gericht immer das Zentrale Vorsorgeregister ab und prüft, ob es bereits eine Vollmacht gibt. Das Register der Bundesnotarkammer speichert gegen eine Gebühr Vorsorge-

vollmacht und Betreuungsverfügung („Eintrag im Vorsorgeregister", siehe Seite 35).

Bevor der Richter des Betreuungsgerichts endgültig entscheidet, macht er sich persönlich ein Bild vom Umfeld des Betroffenen. Seine Anhörung findet meist in dessen Wohnung oder im Pflegeheim statt. Daraufhin legt der Richter fest, in welchen Aufgabenbereichen eine Betreuung tatsächlich notwendig ist. Das Gericht informiert anschließend den Betroffenen, den Betreuer und die Betreuungsbehörde über seine Entscheidung.

Betreuungsverfahren: Welche Kosten anfallen

Wird eine rechtliche Betreuung angeordnet, fallen Kosten an. Sowohl für die Betreuung als auch für das gerichtliche Verfahren muss der Betreute selbst zahlen.

Verfahrenskosten. Übersteigt das Vermögen des Betreuten 25 000 Euro, erhebt das Gericht eine Gebühr von 5 Euro für jede angefangenen 5 000 Euro – mindestens jedoch 200 Euro. Hinzu kommen gerichtliche Auslagen wie Dokumentenpauschalen, Reisekosten des Richters anlässlich der persönlichen Anhörung des Betroffenen in seiner Umgebung und Honorare für Sachverständige.

Betreuungskosten. Wird ein ehrenamtlicher Betreuer vom Gericht bestellt, kann dieser lediglich die jährliche Aufwandspauschale von 399 Euro beanspruchen. Der Berufsbetreuer erhält pauschal monatlich für einen fiktiven Stundenaufwand einen Stundensatz („Berufsbetreuer", siehe Seite 53). Die Auslagen für den Verfahrenspfleger zählen ebenfalls zu den Betreuungskosten, die der Betreute trägt, soweit er nicht mittellos ist, wenn er also ein Vermögen hat, das über der sozialhilferechtlichen Schongrenze von 2 600 Euro liegt, und ein Einkommen von 764 Euro plus Miete im Monat hat. Kann er nichts zahlen, übernimmt die Staatskasse.

Was der Betreuer regelt

Der Betreuer erhält einen Ausweis, mit dem er sich gegenüber anderen Personen, etwa bei der Krankenkasse oder der Bank, ausweisen und im Sinne des Betreuten handeln kann. Im Betreuerausweis stehen Aufgabenkreise oder die Bereiche, für die der Betreuer zuständig ist. „Das kann für einen gesamten Aufgabenkreis oder auch für einzelne Bereiche wie die Vertretung gegenüber Behörden gelten", sagt Holger Kersten. Aufgabenkreise sind die Gesundheitssorge, die Vermögenssorge und die Aufenthaltsbestimmung. Putzen, kochen und die Krankenpflege gehören nicht dazu.

Vermögen. Die Vermögenssorge beinhaltet die Vertretung in finanziellen Fragen. Das Beantragen von Sozialleistungen oder der Rente gehört genauso dazu wie das Abwehren von unberechtigten Ansprüchen und das Verwalten des Vermögens. Immer im Blick behalten werden müssen dabei das Wohl und die Wünsche des Betreuten.

Gesundheit. Im Aufgabenkreis Gesundheitssorge vertritt der Betreuer die betreute Person gegenüber den Ärzten. Untersuchungen, medizinische Behandlungen und ärztliche Eingriffe dürfen nur vorgenommen werden, wenn der Patient dem zustimmt.

Soweit der Patient die Tragweite und Bedeutung einer Handlung erfasst, kann er selbst entscheiden. Ist das nicht mehr möglich, übernimmt das der Betreuer für ihn, nachdem er sich vom Arzt hat aufklären

lassen. Leitend dabei sollte immer der Patientenwille sein.

Gibt es eine Patientenverfügung, muss sich der Betreuer daran halten. Ist der Patientenwille nicht eindeutig und besteht das Risiko, dass der Betreute durch eine Therapie oder einen Eingriff schwer geschädigt werden oder sterben könnte, muss der Betreuer sich die Genehmigung des Betreuungsgerichts einholen. Die Zustimmung des Gerichts ist nicht notwendig, wenn Klarheit über den Patientenwillen herrscht oder ein Eingriff eilig ist, der Aufschub einer Operation beispielsweise den Patienten schädigen würde.

Aufenthalt. Zum Aufgabenkreis der Aufenthaltsbestimmung zählen Wohnungsangelegenheiten wie die Kündigung der Wohnung oder die Auswahl einer neuen Wohnung bzw. eines Heimplatzes. „Ist die Demenz so weit fortgeschritten, dass der Erkrankte seine Wohnung nicht mehr wiedererkennt, bleibt nichts anderes als der Umzug ins Pflegeheim oder eine Wohngemeinschaft für Demenzkranke", berichtet Alexandra Gerken. Denn spätestens dann besteht die Gefahr, dass der Demenzkranke sich selbst und andere gefährdet.

Reicht die häusliche Pflege nicht mehr aus, kann der Betreuer auch gegen den Wunsch des Betreuten entscheiden und ihn in ein Heim aufnehmen lassen. Die Kündigung der Wohnung und die Heimeinweisung müssen dann vom Gericht genehmigt werden.

Ähnliches gilt bei freiheitsentziehenden Maßnahmen wie Bettgitter und Fixierungen. Das Gericht muss zustimmen, wenn zum Beispiel ein Mensch wegen hohen Bewegungsdrangs eingeschlossen werden soll. Für das Verabreichen von stark beruhigenden Medikamenten gilt dasselbe.

Wenn Angehörige weit weg wohnen

Mit einer Betreuungsverfügung vorab festzulegen, wer Betreuer wird, ist manchmal sinnvoll. Zum Beispiel gilt das, wenn nahe Angehörige oder Freunde weit entfernt wohnen und es keine vertrauten Menschen in der Nähe gibt, denen jemand eine Vorsorgevollmacht übertragen kann oder will.

Betreuer können dann beispielsweise von einem Betreuungsverein oder aus einem bestimmten Umfeld wie etwa der Kirchengemeinde kommen. „Ich kann mir für mich gut eine Mischform vorstellen", sagt Sabine Eggert. Sie lebt allein. Ihre einzig noch lebende Verwandte, der sie vertraut, ist ihre Schwester mit ihrem Mann. Jedoch lebt das Paar fast 300 Kilometer entfernt. „Um Behördenanträge könnte sich dann zum Beispiel ein Verein kümmern und um finanzielle Angele-

genheiten wie Überweisungen und große Anschaffungen meine Schwester", sagt die 55-Jährige.

Damit das auch klappt, müssen Verein oder Berufsbetreuer und Angehörige sich stets gegenseitig auf dem Laufenden halten. „Wir telefonieren beispielsweise regelmäßig mit den Angehörigen, wenn eine betreute Person im Krankenhaus liegt", sagt Alexandra Gerken vom Berliner Betreuungsverein Mitte. Möglich ist ebenfalls, gerichtlich festzulegen, dass ein Betreuer Angelegenheiten übernimmt, solange der andere Betreuer nicht vor Ort ist, um die Sachen zu erledigen.

Wer Betreuer werden kann

Das Gericht wählt den Betreuer nach einer festgelegten Reihenfolge aus. Vorrang hat die Person, die der Betroffene beispielsweise in der Betreuungsverfügung selbst wünscht, an zweiter Stelle stehen Familienangehörige, und dann folgen ehrenamtliche Betreuer. Gibt es niemanden, wird ein Berufs- oder Vereinsbetreuer eingesetzt.

Kommt jemand als Betreuer infrage, wird er vom Gericht genau unter die Lupe genommen. Er muss dem Rechtspfleger des Gerichts einmal im Jahr offenlegen, in welchem Verhältnis er zum zukünftig Betreuten steht, ob er über ein geregeltes Einkommen verfügt und welche Aufgaben er übernommen hat.

Der Grund dafür liegt auf der Hand: Gerade Verwandte sind nicht immer als Betreuer geeignet. Wenn Familienkonflikte schwelen, kann es schwerfallen, wirklich im Sinne des Betroffenen zu handeln. Dann kann ein Außenstehender diese Aufgaben oftmals besser lösen. Infrage kommen in solchen Fällen Berufsbetreuer und auch Vereinsbetreuer.

INTERVIEW

Im Sinne des Betreuten

Ohne eine Vorsorgevollmacht oder eine Patientenverfügung ordnet das Gericht eine rechtliche Betreuung an. **Holger Kersten** ist Fachamtsleiter bei der Betreuungsstelle Hamburg.

Wann wird ein rechtlicher Betreuer in der Regel bestellt?
Holger Kersten: Die Betreuung wird nur dann eingerichtet, wenn es keine Vorsorgevollmacht gibt, in der jemand bevollmächtigt wird. Ein jeder, also der Betroffene selbst, seine Angehörigen oder Dritte können einen Antrag beim Betreuungsgericht stellen, wenn jemand den Überblick über sein Leben verliert. Ein Hinweis kann auch aus dem Krankenhaus kommen, wenn ein Patient etwa wegen seiner Verwirrtheit auffällt.

Werden Betreuer kontrolliert?
Holger Kersten: Ja, ein rechtlicher Betreuer muss im Gegensatz zu einem mit einer Vorsorgevollmacht Bevollmächtigten dem Betreuungsgericht einmal im Jahr einen Tätigkeitsbericht und eine Einnahmen-Ausgaben-Rechnung vorlegen. Letzteres gilt nicht für Verwandte wie Sohn und Tochter.

Kann eine Betreuung wieder aufgehoben werden?
Holger Kersten: Das ist abhängig von der Erkrankung oder Behinderung des Betreuten. Bessert sich zum Beispiel eine starke Depression bei einer psychisch kranken Person, ist die Aufhebung möglich. Bei einer Demenz ist das meist nicht mehr möglich, da sie sich meist verschlimmert. Den Antrag auf Prüfung kann der Betroffene auch selbst stellen.

Wo können sich Beteiligte beschweren, wenn etwas nicht gut läuft?
Holger Kersten: Sind Betreuter oder sein Angehöriger mit der Arbeit eines Betreuers nicht einverstanden, können sie sich an das Betreuungsgericht beim Amtsgericht wenden. Dasselbe gilt auch für den Betreuer, wenn der Betreute kein Einsehen zeigt. Das Gericht wird dann aktiv und bestellt gegebenenfalls einen neuen Betreuer.

Betreuung im Verein

Die Betreuungsvereine sind Ansprechpartner, wenn es um Fragen rund um die rechtliche Betreuung und Vorsorge geht. Sie informieren über Patientenverfügung, Betreuungsverfügung und Vorsorgevollmacht. Auch schulen sie ehrenamtliche Betreuer und Angehörige in Bezug auf gesetzliche Gegebenheiten und den Umgang mit den Betreuten bei Konflikten.

Ehrenamtlich betreuen kann jeder, egal ob er naher Angehöriger oder Freiwilliger ist. „In der Arbeit ideal ist der persönliche Kontakt zum Betreuten, dass man also miteinander sprechen kann", sagt Alexandra Gerken vom Berliner Betreuungsverein Mitte. Nur so erfahre man, was ein Betroffener möchte, und könne ihn unterstützen, ein selbstbestimmtes Leben zu führen. Ein Betreuer ist verpflichtet, den Betreuten regelmäßig zu besuchen, und darf sich nicht nur um den Schriftverkehr kümmern.

Alles unter Kontrolle

Einmal im Jahr muss der Betreuer das Gericht informieren, wie es um seinen Schützling steht. Er berichtet über dessen Lebensumstände und legt Rechnung über das verwaltete Vermögen ab. Das Gericht prüft Kontoauszüge, Rechnungen und Vermögensübersichten. Der Betreute – und im Falle seines Todes seine Erben – hat ein Recht auf Auskunft darüber. Nahe Angehörige wie Kinder und Ehegatten sind von der Rechnungslegung befreit. Verschuldet der Betreuer nachweislich einen Vermögensschaden, haftet er dafür.

Derjenige, der durch eine Vorsorgevollmacht bevollmächtigt wurde, unterliegt nicht automatisch solchen Auskunftspflichten. Wer sich jedoch als Bevollmächtigter oder Betreuer zu Unrecht bereichert, macht sich strafbar.

Gibt es den Verdacht, dass ein Bevollmächtigter nicht im Sinne des Betreuten entschieden hat, kann das Gericht einen Kontrollbetreuer bestellen. Der Bevollmächtigte muss dann eine Stellungnahme einschließlich einer lückenlosen Kontoführung vorlegen.

Bevor es zu teuer wird

Betreute müssen anfallende Kosten für das Betreuungsverfahren und die Betreuung selbst bezahlen. Allerdings gibt es eine Einkommensgrenze von 764 Euro im Monat plus Mietkosten. Liegt das Einkommen des Betreuten darunter, gilt er als „mittellos", und der Staat springt ein. Mit allem, was über der Grenze liegt, muss der Betreute anfallende Kosten selbst tragen. Als Schonvermögen stehen ihm 2 600 Euro zu, die nicht angetastet werden dürfen (siehe Seite 48).

Von Abos und anderen Geschäften

Hat ein Mensch einen gesetzlichen Vertreter, heißt das nicht automatisch, dass er geschäftsunfähig ist. Zwar können das ständige Abschließen von Zeitungsabonnements und Versicherungen oder Einkäufe an der Haustür bei einem Demenzerkrankten ein Indiz für seine Geschäftsunfähigkeit sein. Jedoch kann das endgültig erst vom Arzt festgestellt werden. Mit dem ärztlichen Attest können solche Geschäfte dann oftmals rückgängig gemacht werden.

Immer gelingt es nicht. Geht die Angelegenheit vor Gericht, kann der Prozessgegner behaupten, der Betreute habe einen „lichten Moment" bei Geschäftsabschluss gehabt. Bevor es dazu kommt, sollte geprüft werden, ob das Geschäft auf andere Art rückgängig gemacht werden kann. So können beispielsweise Haustür- und Onlinegeschäfte innerhalb von 14 Tagen ab Erhalt der Ware ohne Begründung widerrufen werden. Allerdings gilt seit 13. Juni 2014 die Regelung, dass der Verkäufer nicht mehr die Kosten für die Rücksendung der Ware übernehmen muss. Viele Onlineshops bieten diesen Service aber weiterhin.

Berufsbetreuer

Menschen, die Hilfe benötigen, organisatorisch unter die Arme greifen – das und vieles mehr gehört zu den Aufgaben eines Betreuers.

Catharina Meier nennt es ihre „Berufung" – seit 17 Jahren steht sie als Berufsbetreuerin Menschen zur Seite, die aufgrund einer geistigen, psychischen oder körperlichen Erkrankung nicht mehr in der Lage sind, sich selbst um ihre Angelegenheiten zu kümmern. Derzeit betreut sie parallel insgesamt 48 Klienten.

„Der Beruf umfasst weit mehr als nur die Verwaltungsarbeit. Schließlich sind wir Vertrauenspersonen für die Menschen, und es geht häufig auch um Unterstützung bei der Lebensplanung", schildert die 51-jährige selbstständige Berufsbetreuerin aus Hamburg ihre Arbeit. „Gerade bei psychisch kranken Menschen ist es sehr wichtig, eine gute Beziehung zu ihnen aufzubauen. In ihrem Leben geht vieles durcheinander. In solchen Fällen hilft es, die Klienten sehr gut zu kennen."

Wichtige Aufgaben von Betreuern

In der Praxis managen Berufsbetreuer die Finanzen ihrer Klienten, vertreten sie gegenüber Behörden, organisieren pflegerische Dienste oder willigen in ärztliche Behandlungen ein, wenn es die Menschen selbst nicht mehr können. In welchen Lebensbereichen der Betreuer seinen Klienten unterstützen darf, wird im Vorhinein von den Gerichten festgelegt.

Jeder kann Betreuer werden, eine einheitliche Ausbildung gibt es – noch zumindest – nicht. Die meisten Berufsbetreuer kommen jedoch aus der Sozial- und Pflegebranche oder haben vorher als Juristen gearbeitet.

Betreuer: Beruf oder Ehrenamt?

Derzeit gibt es in Deutschland laut Angaben des Bundesverbandes der Berufsbetreuer (BdB) etwa 12 000 professionelle Betreuer.

Im Unterschied zu den ehrenamtlichen Betreuern werden Berufsbetreuer nur dann eingesetzt, wenn es keine Alternative im persönlichen Umfeld gibt. Solange Familienangehörige den Betroffenen unterstützen können oder gute Bekannte bereit sind, ihm als ehrenamtliche Betreuer unter die Arme zu greifen, setzen die Gerichte diese Menschen als Betreuer ein.

Berufsbetreuer haben es häufig mit besonders harten Schicksalen zu tun. „Zu uns kommen nur die schwierigsten Fälle", erklärt Catharina Meier. „Leichtere Fälle werden möglichst an ehrenamtliche Betreuer abgegeben, die meistens gleichzeitig auch Familienmitglieder sind."

Häufig betreuen Berufsbetreuer psychisch kranke Menschen, die stark verschuldet sind, weil sie kauf- oder spielsüchtig sind. Oder es sind Menschen, die nur noch wenig Auskunft geben können, weil sie den Überblick über ihre Unterlagen verloren haben. Viele sind gar nicht krankenversichert.

Die Rolle des Betreuungsgerichts

Bestellt werden Berufsbetreuer vom Betreuungsgericht, einer Abteilung beim Amtsgericht. Das Gericht erhält von den Betroffenen selbst oder den Personen in ihrem Umfeld sowie von Ärzten den Hinweis, dass ein Mensch betreuungsbedürftig ist. Jede

Betreuungsanregung muss dann geprüft werden (siehe „Wann eine Betreuung eingerichtet wird", Seite 46).

„Ich bekomme im Zuge der Vorermittlungen eine Anfrage von der Betreuungsstelle, in der ich gefragt werde, ob ich bereit bin, die Betreuung aufzunehmen", erklärt Catharina Meier. „Wenn ich zustimme, geht das wieder zum Gericht. Es dauert dann etwa drei Monate, bis ich bestellt werde. Vorher darf ich nichts machen."

Der Betreuungsrichter beauftragt die Betreuungsstelle mit der Vorermittlung und bittet um einem Betreuervorschlag. Er hört den Betroffenen an, möglichst in der gewohnten Umgebung. Am Ende trifft der Richter seine Entscheidung. Er legt fest, wer die Betreuung übernimmt und für welche Aufgaben der jeweilige Betreuer zuständig ist. Dann kann die Arbeit beginnen.

„Es gibt aber auch Eilfälle, dann geht es schneller", berichtet Catharina Meier, „manchmal von einem Tag auf den anderen."

Wie lange ein Betreuer einen Kranken unterstützt, ist abhängig vom Krankheitsverlauf. Bei Klienten mit Demenz bleibt die Betreuung häufig bis ans Lebensende bestehen, da sich ihr Zustand nicht mehr bessert.

Das Betreuungsgericht prüft regelmäßig, ob die Hilfe noch nötig ist. Stabilisiert sich ein Klient, kann die Betreuung in einer Anhörung mit dem Richter wieder aufgehoben werden.

Kontrolle und Bezahlung

Sowohl Berufsbetreuer als auch ehrenamtliche Betreuer werden in ihrer Arbeit kontrolliert. Die Kontrolle sieht allerdings unterschiedlich aus.

Während Berufsbetreuer jährlich einen Bericht schreiben und Rechenschaft gegenüber dem Betreuungsgericht ablegen müssen, sind ehrenamtliche Betreuer verpflichtet, regelmäßig einen formlosen Sozialbericht zu verfassen.

So bekommt das Gericht bei Ehrenamtlichen einen Überblick darüber, ob ein Betreuer eventuell überfordert ist und zusätzliche Unterstützung durch die Betreuungsbehörde benötigt.

35 bis 40 Klienten sind nötig

„Jeder selbstständig arbeitende Betreuer braucht im Schnitt so um die 35 bis 40 Klienten, um sich selbst finanzieren zu können", erzählt Catharina Meier. Manche Berufsbetreuer beschäftigen noch weitere Mitarbeiter, die beispielsweise die Sachbearbeitung übernehmen, andere arbeiten ausschließlich alleine.

Die Stundenpauschale von Berufsbetreuern ist in drei Stufen gegliedert. Sie kann 27 Euro, 33,50 Euro oder 44 Euro pro Stunde betragen. Hierin enthalten sind Mehrwertsteuer und Aufwandspauschale. Somit kommen Betreuer in der höchsten Vergütungsstufe auf einen Nettostundensatz von rund 37 Euro.

Über die Einstufung in eine der drei Vergütungsklassen entscheiden die Gerichte. Wie hoch der Stundensatz ist, hängt von der Berufserfahrung und Qualifikation des Betreuers ab. Pro Klient bekommen Berufsbetreuer im Durchschnitt 3,2 Stunden pro Monat vergütet.

Was Berufsbetreuer regeln

Gemeinsam planen. Zusammen mit ihren Klienten erarbeiten die Berufsbetreuer zu Beginn einen jeweils individuell zugeschnittenen Plan mit persönlichen Zielen, die der betreute Mensch erreichen möchte, wie zum Beispiel schuldenfrei zu leben oder zuhause versorgt zu werden.

Papierkram erledigen. Ein großer Aufgabenbereich ist die Verwaltungsarbeit. Die Betreuer stellen Anträge bei Ämtern, ermitteln Kontakte etwa vom Vermieter oder vom Stromanbieter, sichten und kündigen Verträge, weil sie das Konto belasten. Dies und vieles mehr gehört zur alltäglichen organisatorischen Arbeit von Betreuern.

Klienten besuchen. Der Berufsbetreuer spricht regelmäßig mit seinen Klienten. Dafür besucht er sie zuhause oder im Pflegeheim.

Finanzen verwalten. Berufsbetreuer verwalten auch die Finanzen ihres Klienten, wenn das Betreuungsgericht sie mit der Vermögenssorge beauftragt.

Pflegedienst finden. Ist ein Mensch pflegebedürftig, dann hat der Betreuer die Aufgabe, ihm einen passenden Pflegedienst zu organisieren.

Im Krankheitsfall entscheiden. Ist der Betreuer für die Gesundheitssorge verantwortlich, muss er auch über ärztliche Behandlungen entscheiden, wenn der Klient es selbst nicht mehr kann.

Patienten-
verfügung

In einer Patientenverfügung können Sie schriftlich festlegen, welche Behandlungen Sie im Ernstfall wünschen und welche nicht. Sie ist umso besser, je eindeutiger sie formuliert ist und je genauer sie auf die jeweiligen Lebensumstände passt.

Unser Formular Patientenverfügung bietet die Möglichkeit, Behandlungswünsche für unterschiedliche Notsituationen konkret zu regeln. In diesem Kapitel finden Sie die Ausfüll-hilfe und viele Informationen, die Ihnen helfen, die richtigen Entscheidungen zu treffen.

Wegweiser durch die Patientenverfügung

Im Jahr 2009 regelte der Gesetzgeber die Patientenverfügung im Bürgerlichen Gesetzbuch. Seither stehen die Anweisungen für Ärzte, Bevollmächtigte und Betreuer für den Fall der eigenen Entscheidungsunfähigkeit auf einer sicheren Rechtsgrundlage. So können Sie Ihre Patientenverfügung erstellen.

Die wichtigsten Fragen

Soll ich eine Patientenverfügung anfertigen?

Jede ärztliche Behandlung bedarf der Einwilligung des Patienten. Ansonsten ist die Maßnahme rechtswidrig und als Körperverletzung strafbar.

Solange Sie einsichts- und entscheidungsfähig sind, können Sie Ihrem Arzt direkt sagen, ob Sie seiner Behandlung zustimmen oder diese ablehnen.

Sehr viel schwieriger wird es, wenn Sie krankheitsbedingt nicht mehr einwilligungs- und entscheidungsfähig sind. Ein Gespräch mit dem Arzt ist in einer solchen Situation nicht mehr möglich. Trotzdem kommt es nach wie vor auf Ihre Einwilligung zur Behandlung an.

Mit einer Patientenverfügung, die Sie schriftlich im Voraus und in gesunden Tagen erstellt haben, können Sie genau für diesen Fall vorsorgen. Sie legen fest, für welche Krankheitssituationen Sie in bestimmte Behandlungen einwilligen – und welche Sie ablehnen. Die Ärzte müssen sich an Ihren Willen halten.

Dies kann daher auch bedeuten, dass zum Beispiel lebensverlängernde Maßnahmen nach Ihrem erklärten Willen unterlassen werden müssen, auch wenn der behandelnde Arzt der Überzeugung ist, dass diese für Sie medizinisch angezeigt wären. Wenn Sie für den Fall der Fälle Ihr Selbstbestimmungsrecht wahrnehmen wollen, ist die Patientenverfügung das richtige Mittel.

Tipp: Nehmen Sie sich Zeit für die Klärung der Frage, ob Verfügung oder ob nicht. Beschäftigen Sie sich immer mal wieder damit, was Sie zum Beispiel nach einem schweren Unfall, einem Schlaganfall oder bei lebensgefährlichen Verletzungen an Behandlungen wünschen oder nicht wünschen. Bilden Sie sich Ihre eigenen Wertvorstellungen zu Leben, Sterben und Tod, damit Sie sich bewusst für oder gegen eine Patientenverfügung entscheiden können.

Wie kann ich mir eigene Wertvorstellungen zu Leben, Sterben und Tod bilden?

Die meisten Menschen beschäftigen sich ungern mit diesen Themen. Folgende Überlegungen helfen Ihnen bei der Bildung Ihrer eigenen Wertvorstellungen, damit Sie die Entscheidung für oder gegen eine Patientenverfügung bewusst treffen können.

Erfahrungen. Gibt es Angehörige und Freunde, die schon einmal lebensgefährlich erkrankt sind? Haben Sie schon einmal den Tod eines nahestehenden Menschen erlebt oder ihn beim Sterben begleitet? Welche guten und schlechten Erinnerungen haben Sie daran? Was hätten Sie sich genauso oder anders gewünscht?

Krankheit. Wie gehen Sie mit Krankheit, Schmerzen, Schicksalsschlägen und Behinderungen anderer um? Gibt es in Ihrem Umfeld Menschen, die verwirrt, geistig oder körperlich behindert sind? Was würden Sie sich in einer solchen Situation an Zuwendung oder Pflege wünschen? Wie sieht es mit Ihnen aus – fühlen Sie sich in der Lage, die Hilfe anderer zu akzeptieren? Wie gehen Sie mit eigener Krankheit um? Haben Sie Vorkehrungen für den Todesfall getroffen? **Glauben.** Sind Sie religiös? Welchen Stellenwert haben Glaube und Religion für Sie, insbesondere in Krisensituationen? Glauben Sie an ein Leben nach dem Tod?

Was ist, wenn ich keine Patientenverfügung habe?

Wenn Sie im Formular Vorsorgevollmacht alle Ihre Gesundheit betreffenden Entscheidungen durch ein Kreuz auf einen Bevollmächtigten übertragen haben, kann dieser für den Fall, dass Sie keine Patientenverfügung haben oder diese nicht konkret genug ist, über alle vorliegenden Fragen gegenüber Ärzten und Krankenhäusern entscheiden.

Dabei ist Ihr Bevollmächtigter stets an Ihren „mutmaßlichen Willen" gebunden. Er muss sich fragen, wie Sie wohl entscheiden würden, wenn Sie dazu in der Lage wären.

Außerdem muss er Ihre früheren mündlichen oder schriftlichen Äußerungen sowie Ihre ethischen oder religiösen Überzeugungen und Ihre sonstigen persönlichen Wertvorstellungen berücksichtigen und den Ärzten mitteilen.

Dies bedeutet, dass ein Bevollmächtigter auch ohne eine Patientenverfügung für Sie Gesundheitsentscheidungen treffen kann. Deutlich einfacher und rechtlich sicherer ist der Weg über die Patientenverfügung.

Gibt es Formvorschriften, die ich beim Verfassen beachten muss?

Die Grundvoraussetzung ist, dass Sie volljährig sind. Minderjährige werden durch ihre gesetzlichen Vertreter (im Regelfall die Eltern) vertreten.

Patientenverfügung Ja oder Nein?

Die Entscheidung für oder gegen eine Patientenverfügung muss jeder für sich treffen. Sie sollten sich informieren, bevor Sie sich dafür oder dagegen entscheiden.

① **Vorträge besuchen.** Die Betreuungsgerichte, Hospiz- und Wohlfahrtsverbände, Anwaltskanzleien, Alten- und Pflegeheime veranstalten regelmäßig Vorträge zu der Thematik. Achten Sie auf entsprechende Ankündigungen in der Presse. Nehmen Sie sich die Zeit und besuchen Sie solche Veranstaltungen. So nähern Sie sich den Themen und können die Entscheidung in sich reifen lassen.

② **Mit Freunden diskutieren.** Hören Sie sich in Ihrem Freundeskreis um. Wie gehen Ihre Freunde mit dem Thema um? Was haben sie geregelt? Diskutieren Sie über Vor- und Nachteile.

③ **Mit dem Hausarzt sprechen.** Fragen Sie Ihren Hausarzt, ob er mit Ihnen ethische Fragen im Zusammenhang mit lebensverlängernden und lebensverkürzenden Maßnahmen besprechen kann.

④ **Schwere Krankheit.** Falls Sie bereits an einer schweren Krankheit leiden, wird Ihr Arzt Ihnen den möglichen Krankheitsverlauf sicherlich aufgezeigt haben. Anhand dieser Prognose können Sie für sich überlegen, welche Behandlungen Sie wünschen und was Sie für sich auf keinen Fall wollen. All dies lässt sich dann in einer Patientenverfügung festhalten.

⑤ **Kirchen kontaktieren.** Auch die Kirchen bieten Beratungen zur Patientenverfügung an und halten eigene Formulare bereit. Diese sollten Sie allerdings kritisch prüfen, denn sie gehen im Anwendungsbereich nicht so weit wie etwa unser Musterformular.

Außerdem müssen Sie einsichtsfähig und steuerungsfähig sein. Geschäftsfähig müssen Sie hingegen nicht sein. Der Verfasser einer Patientenverfügung kann auch mangels Geschäftsfähigkeit unter Betreuung stehen. Entscheidend ist, dass er die Art, Bedeutung und Tragweite der Regelungen erfassen kann.

Anders als ein Testament (siehe Seite 80) muss die Patientenverfügung nicht handschriftlich verfasst werden. Sie können sie auch auf dem Computer schreiben oder ein Formular dafür verwenden, wie wir es im Serviceteil dieses Ratgebers anbieten. Sie sollten aber nicht vergessen, sie – am besten unter Angabe von Ort und Datum des Erstellens – eigenhändig zu unterschreiben. Andernfalls ist sie unwirksam.

Zudem müssen die Regelungen im Einklang mit den geltenden Gesetzen stehen. Unwirksam sind Anweisungen zur aktiven Sterbehilfe, weil diese in Deutschland verboten ist (siehe rechts).

Wo bewahre ich die Verfügung am besten auf?

Das Original bewahren Sie am besten in Ihrem Notfallordner zuhause auf. Fertigen Sie zuvor jedoch Kopien für Ihre Bevollmächtigten und für Ihren Hausarzt an. Damit stellen Sie sicher, dass der Inhalt der Verfügung im Fall des Falles schnellstmöglich bekannt wird. Wer seine Vorsorgevollmacht beim Vorsorgeregister der Bundesnotarkammer erfassen lässt, sollte dabei auch einen Hinweis auf die Patientenverfügung geben („Eintrag im Vorsorgeregister", siehe Seite 35).

Tipp: Zusätzlich können Sie einen Notfallausweis bei sich tragen, der bestätigt, dass Sie eine Patientenverfügung besitzen.

Kann ich meine Patientenverfügung widerrufen?

Sie können Ihre Patientenverfügung jederzeit formlos widerrufen, also nicht nur schriftlich, sondern auch mündlich oder durch Gesten und Handzeichen.

Sterbehilfe: Was bedeutet das?

Grundsatzurteil. Der Bundesgerichtshof hat im Jahr 2010 in einem Grundsatzurteil den Unterschied zwischen passiver und aktiver Sterbehilfe klargestellt (Az. BGH, 2 StR 454/09).

Passive Sterbehilfe. Sterbehilfe durch Unterlassen, Begrenzen oder Beenden einer begonnenen medizinischen Behandlung ist gerechtfertigt, wenn dies dem tatsächlichen oder mutmaßlichen Patientenwillen entspricht. Sie muss dazu dienen, einem Krankheitsprozess seinen Lauf zu lassen, der ohne Behandlung zum Tode führt. Dies bedeutet passive Sterbehilfe oder konkreter ausgedrückt: **Behandlungsabbruch.**

➔ Ein derartiger Behandlungsabbruch ist in Deutschland zulässig.

Aktive Sterbehilfe. Gezielte Eingriffe in das Leben eines Menschen, die nicht in einem Zusammenhang mit dem Abbruch einer medizinischen Behandlung stehen, zählen zur aktiven Sterbehilfe.

➔ Die aktive Sterbehilfe ist in Deutschland verboten. Das heißt: Wer sie leistet, begeht eine Straftat.

Ausfüllhilfe Patientenverfügung

In einer Patientenverfügung können Sie im Voraus festlegen, für welche Krankheitssituation Sie in bestimmte medizinische Behandlungen einwilligen und welche Sie ablehnen.

> Trennen Sie das Formular für die Patientenverfügung heraus, legen Sie es neben diese Anleitung und füllen Sie Schritt für Schritt die Ihnen wichtigen Punkte aus.

Wenn ich,

Tragen Sie an dieser Stelle Ihren vollständigen Namen und Ihre aktuelle Adresse ein. Auch wenn Sie später einmal umziehen sollten, ändert dies nichts an der Wirksamkeit der Patientenverfügung.

Tipp: Es empfiehlt sich, die Patientenverfügung in regelmäßigen Abständen zu aktualisieren. Der Grund hierfür ist, dass die Medizin voranschreitet und die Heilmethoden sich ändern.

Auch Ihre persönlichen Einstellungen können sich über die Zeit ändern. Daher sollten Sie die Verfügung ab und zu auf den Prüfstand stellen. Es gibt jedoch keine gesetzliche Vorschrift, dass die Patientenverfügung aktualisiert werden muss. Auch ist nicht vorgeschrieben, dass bestimmte Zeiträume einzuhalten sind.

zur Willensbildung oder verständlichen Äußerung nicht mehr in der Lage bin ...

Die Patientenverfügung greift immer erst dann, wenn Sie selbst nicht mehr entscheidungsfähig sind. Solange Sie Ihre gesundheitlichen Belange selbst wahrnehmen können, zählt Ihr geäußerter Wille.

1. In Todesnähe

Ihre Erkrankung ist so weit fortgeschritten, dass der Sterbeprozess eingesetzt hat. Für diese Zeit sollen folgende Entscheidungen gelten:

1.1 Wenn Sie an dieser Stelle ein Kreuz machen, stellen Sie sicher, dass nicht in den Sterbevorgang eingegriffen wird.

1.2 Mit einem Kreuz werden keine Wiederbelebungsversuche vorgenommen, sodass Ihr Sterbevorgang nicht künstlich verlängert wird.

1.3 Mit einem Kreuz an dieser Stelle schließen Sie aus, dass Sie über eine Sonde durch Mund, Nase oder Bauch künstlich ernährt und am Leben erhalten werden.

1.4 Mit einem Kreuz verhindern Sie, dass Sie künstlich beatmet werden, sodass sich Ihre natürliche Atmung im Sterben einstellen kann.

1.5 Mit einem Kreuz schließen Sie aus, dass künstlich Flüssigkeit verabreicht wird. Das hat nicht zur Folge, dass Sie an einem Durstgefühl leiden müssen.

1.6 Mit einem Kreuz wird das Durstgefühl im Sterbeprozess durch die an dieser Stelle beschriebenen Maßnahmen gelindert.

1.7 Mit einem Kreuz stellen Sie sicher, dass die Ärzte alle Maßnahmen zur Linderung der genannten Symptome ergreifen.

2. Bei unheilbarer Krankheit im Endstadium

Sie befinden sich im Endstadium einer unheilbaren Krankheit. Der Zeitpunkt Ihres Todes ist aber noch nicht absehbar. In dieser Situation ist es rechtlich erlaubt, medizinische Behandlungen abzubrechen. Aber nur, wenn eine entsprechende Willensäußerung von Ihnen vorliegt.

2.1 Wenn Sie an dieser Stelle des Formulars ein Kreuz machen, stellen Sie sicher, dass man der Krankheit ihren natürlichen Lauf lässt und Sie sterben dürfen.

2.2 Mit einem Kreuz werden keine Wiederbelebungsversuche vorgenommen, sodass Ihre Lebenszeit nicht künstlich verlängert wird.

2.3 Mit einem Kreuz schließen Sie hier aus, dass Sie über eine Sonde durch Mund, Nase oder Bauch künstlich ernährt und damit am Leben erhalten werden.

2.4 Mit einem Kreuz verhindern Sie, dass Sie künstlich beatmet werden, sodass sich Ihre natürliche Atmung einstellen kann.

2.5 Mit einem Kreuz schließen Sie aus, dass künstlich Flüssigkeit verabreicht wird. Das hat nicht zur Folge, dass Sie an einem Durstgefühl leiden müssen.

2.6 Mit einem Kreuz wird das Durstgefühl durch die an dieser Stelle beschriebenen Maßnahmen gelindert.

2.7 Mit einem Kreuz stellen Sie sicher, dass die Ärzte alle Maßnahmen zur Linderung der genannten Symptome ergreifen.

3. Bei Hirnschädigung

Schwere Schäden des Gehirns, unabhängig von der Ursache, können mit dem Verlust der Einsichtsfähigkeit und Entscheidungsfähigkeit einhergehen. Direkter Kontakt zu anderen Menschen ist in einer solchen Situation häufig nicht mehr möglich. Die Zustände können von der Dauerbewusstlosigkeit bis zu wachkomaähnlichen Krankheitsbildern führen. Meist sind die Patienten vollständig von Pflege abhängig und bettlägerig. Der Todeszeitpunkt ist aber – wie in den Fällen unter Punkt 2 – noch nicht absehbar.

Nur äußerst selten finden etwa (Wach-)Komapatienten noch nach Jahren der stärksten Pflegebedürftigkeit in ein Bewusstsein zurück.

Zur Prognose derartiger Krankheitszustände sollen zwei Ärzte ihre Meinung abgeben. Dann können Sie regeln:

→ **Punkte 3.1 bis 3.7, Erklärung siehe Punkte 2.1 bis 2.7**

4. Bei Hirnabbau

Demenz und andere Erkrankungen, die einen Gehirnabbau zur Folge haben, können in einem späten Stadium dazu führen, dass Sie immer stärker pflegebedürftig werden und schließlich auch nicht mehr in der Lage sind, selbst Nahrung und Flüssigkeit auf natürliche Art und Weise zu sich zu nehmen. Auch die Unterstützung Angehöriger und Pflegender bei der Nahrungsaufnahme hilft Ihnen nicht mehr.

In diesem Spätstadium ist Ihr Todeszeitpunkt jedoch – wie in den Fällen unter Punkt 2 – noch nicht absehbar. Dennoch können Sie regeln:

→ **Punkte 4.1 bis 4.7, Erklärung siehe Punkte 2.1 bis 2.7**

5. Organspende

Heute können viele Organe transplantiert werden. Setzen Sie sich mit dem Thema Organspende auseinander („Organspende", siehe Seite 70). Sind Sie grundsätzlich mit einer Organspende einverstanden, kreuzen Sie an dieser Stelle ein „Ja" an. Dann können die Ärzte Ihre Körperfunktionen künstlich aufrechterhalten, bis die Organe entnommen wurden.

6. Vorsorgevollmacht / Betreuung

6.1 Setzen Sie an dieser Stelle ein Kreuz bei „Ja" und nennen Sie Namen und Adresse des / der bevollmächtigten Person / en, wenn Sie eine Vorsorgevollmacht erteilt haben. **Wichtiger Hinweis:** Sie sollten den Inhalt Ihrer Patientenverfügung in jedem Fall mit Ihren Bevollmächtigten besprechen und ihnen jeweils eine Kopie aushändigen.

6.2 Setzen Sie ein Kreuz, wenn Sie keinen Bevollmächtigten benannt haben, aber später von Amts wegen ein Betreuer für Sie zuständig ist. Damit ist dieser verpflichtet, Ihre Patientenverfügung umzusetzen.

7. Widerruf und Änderung

Es ist ratsam, die Verfügung ab und an zu überprüfen. Fragen Sie sich, ob Sie daran festhalten oder bestimmte Punkte anders regeln wollen.

8. Seelsorge und Beistand

An dieser Stelle können Sie festlegen, ob Sie von einem Priester, Pastor, einem Hospizverein oder einer anderen Person Ihres Vertrauens in Ihrer Sterbephase begleitet werden wollen.

9. Bei dieser Patientenverfügung wurde ich beraten von:

Es ist zwar rechtlich nicht vorgeschrieben, dass man sich zum Erstellen einer Patientenverfügung beraten lassen muss, aber es empfiehlt sich, Beratung in Anspruch zu nehmen. Hierfür können Sie sich zum Beispiel an Rechtsanwälte, Ärzte oder Mitglieder von Betreuungsvereinen oder Betreuungsbehörden wenden.

Empfehlenswert ist, dass Ihr Berater an dieser Stelle ebenfalls unterschreibt.

10. Arzt meines Vertrauens ist:

Falls Sie in der Patientenverfügung einen Arzt Ihres Vertrauens nennen möchten, können Sie dies an dieser Stelle tun.

11. Abschlusserklärung und Unterschrift

Unterschreiben Sie die Verfügung mit Ihrem vollständigen Namen. Nennen Sie außerdem Ort und Datum.

Überprüft und bestätigt

Falls Sie Ihre Patientenverfügung regelmäßig prüfen, vermerken Sie die Überprüfungen mit Ort, Datum und Unterschrift am Ende des Formulars.

Bei schwerer Krankheit zusätzliche Verfügung

In einer gesonderten Patientenverfügung sollten die Wünsche für die eigene Behandlung möglichst konkret benannt werden.

Wer schwer an Krebs oder einer anderen lebensgefährlichen Krankheit leidet, die nach Einschätzung der behandelnden Ärzte zum Tod führen kann, sollte mit einer speziellen Patientenverfügung vorsorgen. Damit lässt sich für die Phase der Entscheidungsunfähigkeit sicherstellen, dass die eigenen Wünsche und Vorstellungen bestmöglich beachtet werden.

Tipp: Wenn Sie bereits eine allgemeine Patientenverfügung haben, können Sie diese auf einem Extrablatt um spezielle Anweisungen für die Krankheit ergänzen.

Intensiv auseinandersetzen

Wichtig ist in jedem Fall, sich mit der Krankheit intensiv auseinanderzusetzen. Der behandelnde Arzt ist verpflichtet, umfassend über Komplikationen und die Möglichkeiten der Linderung aufzuklären.

UNSER RAT

Informieren

Es ist wichtig, alles zum möglichen Verlauf der Krankheit, Behandlungs- und Therapiemöglichkeiten in Erfahrung zu bringen. Sprechen Sie mit dem Arzt Ihres Vertrauens. Nehmen Sie sich Zeit, um zu entscheiden, welche Behandlung und Medikamente Sie wünschen oder ablehnen, falls Sie sich später nicht mehr äußern können.

Wichtig zu wissen: Solange ein Patient dazu in der Lage ist, entscheidet er, welche Behandlungen er in einer konkreten Situation wünscht und welche er ablehnt. Erst wenn dies nicht mehr möglich ist, greift eine Patientenverfügung. Dies gilt natürlich auch für eine Zusatzanweisung für die Krankheit.

Schritt für Schritt vorgehen

Genau wie bei der allgemeinen Patientenverfügung sollte man sich Zeit für die speziellen Anweisungen nehmen. Die Entscheidung, welche Behandlungen man sich beim Eintritt bestimmter Komplikationen wünscht beziehungsweise welche man ablehnt, ist schwierig, und niemand sollte sie von heute auf morgen treffen.

Um einen Anfang zu machen, überschreibt man zunächst ein Blatt Papier mit „Patientenverfügung für meine Krankheit…", führt Namen, Geburtsdatum und die aktuelle Adresse auf. Unter der Überschrift „Meine Krankheit" können im Anschluss an die Personalien in Stichpunkten der Verlauf sowie die Diagnose und bisherige Behandlung dargestellt werden.

„Was mir wichtig ist für den Fall, dass ich nicht mehr selbst über meine Behandlung entscheiden kann", könnte eine weitere Überschrift der Anweisung lauten.

Tipp: Schreiben Sie an dieser Stelle – am besten mithilfe Ihres Arztes – so konkret wie möglich auf, was Ihnen besonders am Herzen liegt. Zum Beispiel, ob Sie in der Endphase Ihres Lebens in ein Krankenhaus eingeliefert oder lieber zuhause bleiben wollen,

ob Sie Beistand wünschen und, falls ja, von wem. Unter einer weiteren Überschrift „Gewünschte Behandlung" können mögliche Komplikationen beim weiteren Verlauf der Krankheit sowie die dann jeweils gewünschte Behandlung aufgelistet werden. Auch welche Medikamente verabreicht werden sollen, können Patienten selbst regeln.
Tipp: Sie sind absolut frei darin, Ihre Patientenverfügung für den Krankheitsfall nach Ihren Vorstellungen zu gestalten. Sprechen Sie mit dem Arzt Ihres Vertrauens. Wichtig ist, die Verfügung selbst und jede Änderung oder Ergänzung zu unterschreiben. Ort und Datum sollen ebenfalls stets mit aufgeführt werden.

Schwer erkrankt

1 **Wünsche festlegen.** Für den Fall einer schweren Erkrankung und einer absehbaren Phase der Entscheidungsunfähigkeit können Patienten ihre Behandlungswünsche in einer speziellen Patientenverfügung oder in einem Zusatz zu ihrer Patientenverfügung festlegen.

2 **Wertvorstellungen.** Patienten sollten ergänzend die eigenen Wertvorstellungen formulieren („Wegweiser durch die Patientenverfügung", siehe Seite 58).

3 **Arzt.** Hilfreich ist, mit einem Arzt über den Text zu sprechen.

Möglichst konkret formulieren

Manche Patientenverfügungen helfen Ärzten und Pflegenden nicht weiter. Unbestimmte Formulierungen schaffen viele Unsicherheiten.

Beim Verfassen einer Patientenverfügung sind viele Menschen unsicher. Kein Wunder: Aktuell sind zirka 260 unterschiedliche Muster-Patientenverfügungen im Umlauf. Nicht alle von ihnen sind von spezialisierten Juristen entworfen.

Ob die Patientenverfügung weiterhilft, zeigt sich oft erst, wenn ein Patient in eine medizinische Maßnahme nicht mehr selbst einwilligen kann. Ärzte, Pflegende und Be-

vollmächtigte versuchen dann, den Willen zu ermitteln („Patientenverfügung im Klinikalltag", siehe Seite 67).

„Für die konkrete Situation gibt es häufig keine Regelung", sagt Petra Vetter, Fachanwältin für Medizinrecht. Ob per Hand geschrieben, mit Textbausteinen aus dem Internet zusammengestellt oder per Ankreuzformular ausgefüllt: Verfasser sollten ihre Wünsche so konkret wie möglich for-

Klare Regelungen

Punktgenau. In einer guten Patientenverfügung sind die medizinischen Maßnahmen und Behandlungen, in die Patienten einwilligen oder nicht, punktgenau erfasst. Nutzen Sie unser Formular „Patientenverfügung", das Sie im Formularteil hinten in diesem Buch finden.

Prüfen lassen. Falls Sie einen eigenen Text entwerfen, sollten Sie Ihre Formulierungen juristisch und medizinisch prüfen lassen. Damit stellen Sie sicher, dass Ihre individuellen Wünsche und Vorstellungen auch verbindlich und verständlich formuliert sind.

mulieren. „Es geht darum, die Folgen einer Krankheit zu benennen, die der Verfasser nicht gewillt ist, für das weitere Leben zu akzeptieren", erklärt Petra Vetter. In der Praxis haben sich einige Formulierungen, die häufiger in Patientenverfügungen zu finden sind, nicht bewährt.

Beispiele für ungünstige Formulierungen

➜ „Wenn mein Leben einmal nicht mehr erträglich ist, ..."

➜ „Wenn mein Zustand unwürdig ist, ..."

Problematisch: Ein als unerträglich empfundenes Leben oder ein unwürdiger Zustand sind keine Beschreibungen einer konkreten Krankheitsfolge. Hierunter kann jeder Mensch etwas anderes verstehen. Eine allgemeine Beurteilung gibt es nicht.

➜ „Ich wünsche keine Schläuche an mir."

Problematisch: Welche „Schläuche" sind gemeint: Beatmungsschläuche oder Infusionsschläuche? Dürfen sie niemals angewendet werden oder kurzzeitig schon? Häufig sind Patienten damit einverstanden, dass

Infusionen bei Krankheitszuständen, die Aussicht auf völlige Regeneration versprechen, vorübergehend eingesetzt werden. Aus der Formulierung geht dieses Einverständnis jedoch nicht hervor.

➜ „Wenn ich nur noch Opfer der Intensiv- und Apparatemedizin bin ..."

Problematisch: „Intensiv- und Apparatemedizin" ist kein klar definierter oder feststehender Begriff. Aus der Formulierung lässt sich auch nicht erkennen, ob der Verfügende intensivmedizinische lebenserhaltende Maßnahmen generell oder lediglich für eine bestimmte Situation ablehnt.

Was vielen Menschen nicht klar ist: Die am häufigsten genutzten Formen der künstlichen Ernährung sind Magen- und Ernährungssonden, allen voran die PEG-Magensonde (**p**erkutane **e**ndoskopische **G**astrostomie, Ernährung über die Bauchdecke). Erfahrungsgemäß wollen Menschen oft genau diese Form der künstlichen Ernährung ausschließen. Viele gehen dabei laienhaft davon aus, künstliche Ernährungsformen seien „Intensiv- und Apparatemedizin", und formulieren entsprechend. Die Sonden zählen aber allesamt gerade nicht zur Intensiv- und Apparatemedizin.

Wenn Sie künstliche Ernährungsformen ausschließen wollen, sollten Sie die Begriffe Intensiv- und Apparatemedizin unbedingt vermeiden. Formulieren Sie besser möglichst konkret, in welcher Situation Sie eine künstliche Ernährung über eine Magensonde akzeptieren wollen und in welcher nicht.

In unserem Formular für die Patientenverfügung im Anhang dieses Ratgebers bekommen Sie konkrete Situationen angeboten, in denen Sie durch ein Kreuz einer künstlichen Ernährung zustimmen oder diese ablehnen können.

Patientenverfügung im Klinikalltag

Immer mehr Menschen schreiben eine Patienten- verfügung. Die Umsetzung in der Praxis stellt Ärzte vor Herausforderungen.

Die Patientenverfügung ist im deutschen Klinikalltag angekommen. „Es gehört jetzt zum guten Ton, bei der Aufnahme danach zu fragen", sagt Karl-Heinz Wehkamp, Professor für Medizinmanagement und -ethik an der Universität Bremen.

Die Patientenverfügung soll Menschen auch dann vor Fremdbestimmung schützen, wenn sie selbst nicht mehr in der Lage sind, ihren Willen zu äußern. Doch auch fünf Jahre nach der gesetzlichen Verankerung im Betreuungsrecht gibt es immer noch einige Unsicherheit im Umgang mit Patientenver- fügungen.

Medizinische Fachkenntnis hilft beim Formulieren

Manche Ärzte und Medizinethiker glauben, dass Laien die medizinische Fachkenntnis fehlt, um alleine oder nur mithilfe von Vor- drucken oder bloß rechtlicher Beratung eine Patientenverfügung sachgerecht zu verfas- sen. Kurt Schmidt, Pfarrer und Leiter des Zentrums für Ethik in der Medizin am Aga- plesion Markus Krankenhaus in Frankfurt am Main hat die Erfahrung gemacht, dass die erhoffte Klärung des Patientenwillens oft ausblieb. Die Verfügungen waren zu vage verfasst. Das Krankenhaus entschied sich deshalb, ärztliche Beratungsseminare zu diesem Thema anzubieten.

„Nur wenige Menschen holen sich ärztli- chen Rat, bevor sie ihre Patientenverfügung verfassen. Das sehe ich als überaus proble- matisch. Ein Großteil der Teilnehmer sah

nach unserem Seminar einen erheblichen Korrekturbedarf an ihren bereits erstellten Verfügungen", sagt er.

Mit dieser Einschätzung steht er nicht allein. Auch Georg Marckmann, Professor am Institut für Ethik, Geschichte und Theorie der Medizin der Ludwig-Maximilians-Uni- versität München, sieht ein Hauptproblem darin, dass Patientenverfügungen in den meisten Fällen ohne eine qualifizierte ärzt- liche Beratung verfasst werden.

Tatsächlich kann ein Laie kaum absehen, welche Chancen er verwirkt, wenn er bei- spielsweise undifferenziert eine künstliche Ernährung ablehnt. Laien wissen oftmals auch nicht, wie Schmerz- und Betäubungs-

Über Leben und Tod

Gerald Neitzke ist Vorsitzender des Klinischen Ethik-Komitees der Medizinischen Hochschule Hannover. Es hilft Ärzten, Pflegenden und Angehörigen bei schwierigen Entscheidungen.

Über Leben oder Tod eines Patienten zu entscheiden gehört zu den schwierigsten Aufgaben für Ärzte. Wie sieht diese Entscheidung im Klinikalltag konkret aus?
Gerald Neitzke: Jede Entscheidung besteht aus zwei Schritten. Der erste ist, das optimale Behandlungsangebot zu bestimmen. Hierfür sind ausschließlich die Ärzte verantwortlich. Bevor sie dieses dann aber umsetzen dürfen, müssen Ärzte in einem zweiten Schritt herausfinden, ob der Patient der Behandlung zustimmt.

Wie gehen Ärzte vor, wenn Patienten nicht mehr in der Lage sind, ihren Willen zu äußern?
Gerald Neitzke: Gibt es eine Patientenverfügung, sind sie verpflichtet, diese als Patientenwillen umzusetzen. Liegt keine Patientenverfügung vor oder passt sie nicht auf die konkrete Situation, müssen die individuellen Behandlungswünsche ermittelt werden. Dies ist die gesetzliche Pflicht von juristischen Stellvertretern, also einem Bevollmächtigten oder Betreuer. Dabei werden sie von Angehörigen und dem Behandlungsteam unterstützt. Hat der Patient sich zum Beispiel gegenüber dem Ehepartner für oder gegen lebensverlängernde Maßnahmen in bestimmten Situationen ausgesprochen, kommt dies einer mündlichen Patientenverfügung gleich. Dies wird vom Bevollmächtigten oder Betreuer als Patientenwille zur Geltung gebracht.

Und wenn sich der Patient nie zu diesem Thema geäußert hat?
Gerald Neitzke: Dann geht es darum, den mutmaßlichen Patientenwillen herauszufinden. Es geht um Fragen wie: Welche Einstellung hat er zum Leben? War er bisher medizinischen Maßnahmen gegenüber aufgeschlossen oder nicht? Wie war sein Lebenswille? Wäre er bereit, für ein Leben mit erheblicher Pflegebedürftigkeit zu kämpfen? Spielen religiöse Überzeugungen eine wichtige Rolle?

Wann werden Sie mit dem Ethik-Komitee hinzugezogen?
Gerald Neitzke: Nur dann, wenn wir bei Entscheidungskonflikten oder zur Abmilderung von Gewissensbelastungen benötigt werden. Wenn etwa der Ehepartner sich für lebenserhaltende Maßnahmen ausspricht, der Sohn aber sagt, der Patient hätte ihm gegenüber immer den Wunsch geäußert, nicht künstlich am Leben gehalten zu werden.

Wie vermitteln Sie dann?
Gerald Neitzke: Wir versuchen zusammen mit dem Behandlungsteam, dem juristischen Stellvertreter und Familienangehörigen herauszufinden, welche Informationen es zum Patientenwillen gibt und welche Aussagen verlässlich sind. Die Unterscheidung zwischen Eigeninteressen und Patientenwillen ist für Angehörige oft schwierig. Sie brauchen manchmal Hilfe, hier zu differenzieren. Für das Behandlungsteam ist es jedoch essenziell, dass die Ablehnung einer medizinisch gebotenen lebenserhaltenden Behandlung transparent und verbindlich begründet wird.

mittel die Lebensqualität Schwerkranker verbessern können.

Wer Gewissheit will, dass seine Patientenverfügung möglichst wenig Fragen offen lässt, kann sich beispielsweise bei unabhängigen Patientenberatern, Hospizvereinen, Krankenhäusern oder dem Hausarzt fachlichen Rat holen.

Probleme bei der Umsetzung im Klinikalltag

Doch nicht alle Fehler liegen bei den Verfassern der Patientenverfügungen. Karl-Heinz Wehkamp, der zehn Jahre selbst als Arzt gearbeitet und ein umfassendes Forschungsprojekt zum Therapieverzicht geleitet hat, hält es vor allem für ein Problem beim Umgang mit Patientenverfügungen, dass es den Ärzten an Zeit und Gesprächskompetenz mangele.

„Zu Beginn war ich zwar ein starker Sympathisant der Patientenverfügung", sagt er. Doch die Praxis im Klinikalltag mit oft nicht eindeutigen Verfügungen habe ihn skeptischer gemacht. „Die häufigste negative Folge ist die Unklarheit im Behandlungsteam darüber, was der Patient wirklich wollen würde, wenn er seine Situation gut einschätzen könnte. Die Folge sind Konflikte im Behandlungsteam und inkonsequente Behandlungsstrategien", schildert er.

Das Umsetzen von Patientenverfügungen erfordere häufig Fingerspitzengefühl und Interpretationsvermögen von den Ärzten. „Wenn Ärzte Patientenverfügungen tatsächlich buchstabengetreu umsetzen würden, könnten Patienten sich im Extremfall um wertvolle Lebenszeit bringen", sagt der Bremer Professor.

Im Einzelfall widersetzen sich Ärzte einer Patientenverfügung. Mal verkennen sie die Rechtslage, mal haben sie Angst vor den Folgen der eigenen Handlung. Oder sie sehen sich vor einem unüberbrückbaren Gewissenskonflikt.

Ethik-Komitees bieten Rat bei Gewissenskonflikten

Helfen sollen hier klinische Ethik-Komitees. Die Gremien setzen sich aus Vertretern von Ärzten, Pflegenden und anderen therapeutischen Berufen wie Logopäden und Patienten zusammen, die sich in klinischer Ethikberatung fortgebildet haben. Ihre Aufgabe ist es, Ethik-Leitlinien für ihre Gesundheitseinrichtung zu erarbeiten, in individuellen Konfliktfällen zu beraten und das Personal zu schulen (siehe Interview links).

Wie viele Krankenhäuser in Deutschland bereits solche Ethik-Gremien haben, ist nicht erfasst. „Nach vorsichtigen Schätzungen etwa jede dritte bis vierte Klinik", sagt Gerald Neitzke, Arzt und Vorsitzender des Klinischen Ethik-Komitees der Medizinischen Hochschule Hannover.

Verglichen mit den Vereinigten Staaten, wo alle größeren Krankenhäuser ein Ethik-Komitee haben müssen, steckt die klinische Ethikberatung in Deutschland allerdings noch in den Kinderschuhen.

Organspende –
ja, nein oder jein?

Ob für oder gegen eine Spende – der Organspendeausweis dokumentiert den eigenen Willen. Jeder sollte sich entscheiden – und Vertraute informieren.

Er hat seine Meinung geändert. Heute ist Jan T. für Organspenden. Das war im Oktober 2012 noch anders. In diesem Monat verstarb sein Vater plötzlich. Mit seiner Mutter stand der 35-Jährige vor der Entscheidung: Vaters Organe spenden – ja oder nein? Der hatte sich nie dazu geäußert. „Als wir vom Arzt gefragt wurden, waren wir überfordert und entschieden uns dagegen", erzählt die Mutter. Die Vorstellung, dass ihrem Mann Organe entnommen werden, machte ihr Angst. Ihrem Sohn auch.

Beide hatten sich bis dahin noch nicht mit dem Thema auseinandergesetzt, so wie viele andere Menschen auch. Um die Spendenbereitschaft zu erhöhen, schicken die gesetzlichen Krankenkassen und privaten Krankenversicherer seit Inkrafttreten des Transplantationsänderungsgesetzes im November 2012 Aufklärungsmaterial samt Organspendeausweis an Versicherte ab 16 Jahren. Das Gesetz gibt den Kassen vor, ihre Versicherten mindestens alle zwei Jahre aufzuklären, etwa über die Voraussetzungen für eine Organentnahmeerlaubnis und die rechtlichen Folgen für die Angehörigen.

Entscheidet sich ein Mensch und hält das schriftlich auf dem Organspendeausweis fest, sind seine Angehörigen an diese Entscheidung gebunden.

Voraussetzung für die Organspende

Hat sich jemand für die Organspende entschieden, gibt der Arzt diese Information nach seinem Tod an die Deutsche Stiftung Organtransplantation weiter. Sie koordiniert jede Transplantation von der Meldung bis zur Übergabe der Organe.

Spender können ihre Zustimmung einschränken. Dann entnehmen Ärzte nur Körperteile, für die es eine Erlaubnis gibt, die Hornhaut der Augen oder Blutgefäße zum Beispiel. Möglich ist auch, Organspenden im Ausweis komplett abzulehnen oder einen Angehörigen zu nennen, der nach dem Tod entscheiden soll – ein Jein also.

Um einem Menschen Organe oder Gewebe entnehmen zu dürfen, muss neben der Zustimmung des Spenders oder seiner Angehörigen eine weitere Bedingung erfüllt sein: Der Hirntod muss feststehen.

Zwei Ärzte müssen Hirntod bestätigen

Hirntot ist ein Mensch, wenn das gesamte Gehirn nicht mehr arbeitet und dazu nie mehr fähig sein wird. So legen es die Richtlinien der Bundesärztekammer fest. Verschiedene Untersuchungen sind vorgeschrieben, um den kompletten Ausfall sowie die Irreversibilität nachzuweisen. Zwei Ärzte mit langjähriger Erfahrung in der Intensivmedizin müssen den Hirntod unabhängig voneinander feststellen (siehe www.bundesaerztekammer.de, Stichwort Richtlinien, Hirntod).

Weitere Informationen rund um das Thema Organspende können Sie auch unter der Seite www.organspende-info.de der Bundeszentrale für gesundheitliche Aufklärung (BZgA) abrufen.

Patientenverfügung und Organspende

Um den Hirntod zu diagnostizieren und die Organspende durchzuführen, muss ein Mensch über seinen Tod hinaus weiter beatmet werden. Diese Beatmung gehört jedoch zu den lebenserhaltenden Maßnahmen, die in vielen Patientenverfügungen ausgeschlossen werden. Eine entsprechende Formulierung in der Patientenverfügung sollte deshalb darauf hinweisen, wie behandelnde Ärzte bei der Bereitschaft zur Organspende vorgehen sollten.

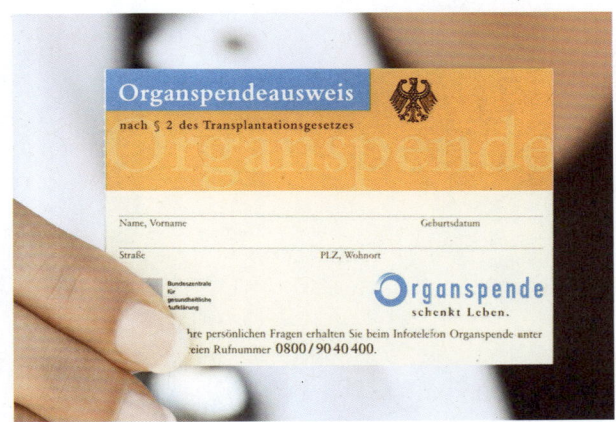

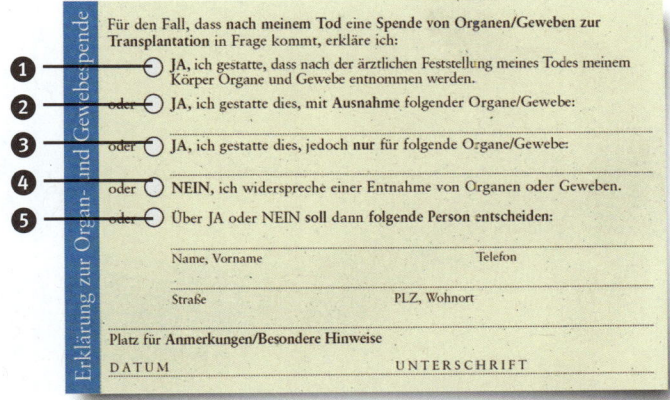

Auf der Ausweisrückseite haben Sie die Wahl

Hier können Sie ankreuzen, für welche Option Sie sich entscheiden möchten:

❶ Uneingeschränkte Spende. Mit dem Kreuz an dieser Stelle werden alle Organe und Gewebe gespendet.

❷ Mit Ausnahme. Bestimmte Organe werden hier von der Spende ausgeschlossen.

❸ Selbst wählen. Sollen nur bestimmte Organe und Gewebe freigegeben werden, ist das Kreuz hier erforderlich.

❹ Volle Ablehnung. Hier kann die Organspende, egal aus welchem Beweggrund, komplett abgelehnt werden.

❺ Andere entscheiden. Eine Vertrauensperson entscheidet. Die erwähnte Person wird im Fall des Todes benachrichtigt.

Den Nachlass regeln

Zur optimalen Vorsorge gehört auch, sich beizeiten Gedanken über die Nachlassplanung zu machen – und zu handeln.

Im Alter steht das Thema zwangsläufig irgendwann auf der Agenda. Aber auch junge Menschen sollten sich damit auseinandersetzen. Das Gesetz geht bei der Einsetzung der Erben von einer intakten Familie aus. Wer andere als seine Angehörigen bedenken will, muss aktiv werden.

Durch Unfall oder Krankheit kann es dazu kommen, dass ein minderjähriges Kind plötzlich ohne sorgeberechtigten Elternteil dasteht. Eltern können in einer Sorgerechtsverfügung vorschlagen, wer die Vormundschaft in ihrem Sinne und zum Wohl ihres Kindes übernehmen soll.

Was Internetnutzer oft nicht bedenken: Nutzerkonten und online geschlossene Verträge laufen nach dem Tod erst einmal weiter. Sie sollten festlegen, was mit dem digitalen Nachlass geschehen und wer Zugang zu den Daten haben soll.

Die gesetzliche Erbfolge: Es bleibt in der Familie

Der Gesetzgeber geht bei der Einsetzung der Erben von einer intakten Familie aus. Wer andere als seine Angehörigen bedenken will, muss aktiv werden.

Kaum jemand befasst sich gerne mit dem Tod. Schon gar nicht mit dem eigenen. Kein Wunder also, dass Schätzungen zufolge nicht mal ein Drittel der Bundesbürger ein Testament haben. Vielen ist zwar bewusst, dass sie das Thema Nachlassplanung unbedingt anpacken sollten. Doch oftmals wird es dann auf die lange Bank geschoben. So lange, bis es zu spät ist.

Gut zu wissen: Wenn der Erblasser keinen letzten Willen hinterlassen hat, greift die gesetzliche Erbfolge. Eine Reihe von Paragrafen im Bürgerlichen Gesetzbuch regelt haarklein, wer das Vermögen erhalten soll, falls weder Testament noch Erbvertrag vorhanden sind.

Es sind die nahen Angehörigen, die der Gesetzgeber in erster Linie als Erben bedenkt. Dabei unterstellt er, dass die Familie intakt ist. Er geht davon aus, dass Verheiratete eine harmonische Ehe führen und die Kinder alle gleich gut geraten sind. Der Ehepartner ist daher beim Erben immer mit von der Partie, die eigenen Kinder werden stets zu gleichen Anteilen bedacht.

Eine Ehe, die schon länger kriselt oder kurz vor der Scheidung steht? Eltern, die seit Jahren keinen Kontakt mehr zu einem ihrer Kinder haben? Eine Patchwork-Familie, in der geschiedene Partner mit Kindern aus früheren Beziehungen zusammenleben? Glückliche Paare, die nicht heiraten? Diese und ähnliche Fälle hatte der Gesetzgeber um das Jahr 1900 herum nicht auf dem Schirm. Umso wichtiger ist es insbesondere in solchen Situationen, seine Nachlassplanung in die Hand zu nehmen.

Gesetzliche Erben ermitteln

Als ersten Schritt sollten Sie ermitteln, wer Ihre gesetzlichen Erben sind. Ausgehend davon können Sie dann weitere Überlegungen anstellen. Der Gesetzgeber geht bei der Nachlassverteilung nach einem bestimmten Schema vor. Zunächst ordnet er die Verwandten verschiedenen Gruppen zu, sogenannten Ordnungen.

→ Erben der 1. Ordnung sind die Kinder, Enkel und Urenkel.
→ Erben der 2. Ordnung sind die Eltern, Geschwister, Neffen und Nichten.
→ Erben der 3., 4. und 5. Ordnung sind weiter entfernte Verwandte in weiter aufsteigender Linie.

Grundsätze der Verteilung

Bei der Verteilung des Vermögens gelten zwei Grundsätze.

Grundsatz 1: Erben der 1. Ordnung schließen Erben aller weiteren Ordnungen stets aus.

Beispiel: Herr Sommer ist Witwer und hat einen Sohn (Erbe 1. Ordnung). Falls Herr Sommer stirbt, erhält sein Sohn sein gesamtes Vermögen. Herrn Sommers Eltern (Erben der 2. Ordnung) gehen leer aus.

Dasselbe gilt, wenn die nächsten Verwandten Erben der 2. Ordnung sind im Verhältnis zu Erben der 3. Ordnung. Alle Mitglieder einer höherrangigen Ordnung schließen alle Mitglieder einer nachrangigen Ordnung aus.

Grundsatz 2: Innerhalb einer Ordnung schließen die näheren Verwandten alle nachfolgenden ebenfalls stets aus.
Beispiel: Hat Herr Sommer ein Kind (Erbe 1. Ordnung), erbt allein dieses, nicht dessen Kind, das Enkelkind (auch Erbe 1. Ordnung).

Das klingt sehr abstrakt, ist jedoch im Prinzip einfach. Die Grafiken und die Beispiele auf den Seiten 78 und 79 zeigen, wie es funktioniert.

Gesetzliche Erbfolge

Die Verwandten werden in verschiedene Ordnungen eingeteilt.

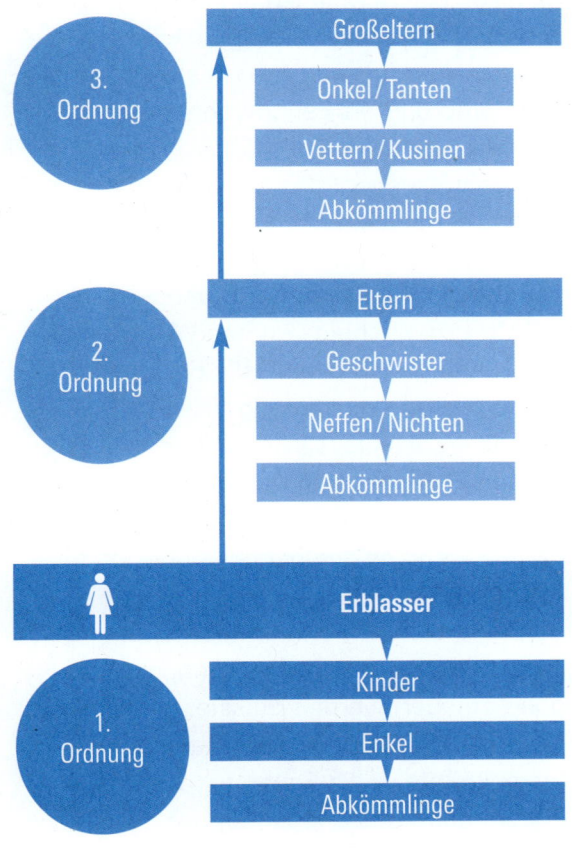

Neben den Erben der verschiedenen Ordnungen, die mit dem Erblasser verwandt sind, berücksichtigt der Gesetzgeber außerdem immer den Ehepartner beziehungsweise den eingetragenen Lebenspartner. Unverheiratete und nicht eingetragene Partner gehen allerdings nach dem gesetzlichen Erbrecht komplett leer aus. Umso wichtiger ist es, dass Paare ohne Trauschein ihren Nachlass regeln, damit die Partner für den Todesfall abgesichert sind.

Erbrecht des Ehepartners

Mit welcher Quote der Ehe- oder Lebenspartner am Nachlass beteiligt ist, lässt sich nicht pauschal beantworten. Mindestens ein Viertel am Vermögen des Verstorbenen steht ihm in jedem Fall zu, bei Partnern mit Kindern meist die Hälfte.

Entscheidend für die Quote ist zum einen der Güterstand, in dem die Partner miteinander gelebt haben. Die meisten Ehepaare leben im Güterstand der **Zugewinngemeinschaft.** Dieser greift stets, wenn die Partner keinen Ehe- oder Partnerschaftvertrag geschlossen haben. Bei Zugewinngemeinschaft erhält der Ehegatte meist pauschal ein Viertel des Erbes zusätzlich zu dem Viertel, das ihm als gesetzlicher Erbe zusteht. Hat der verstorbene Partner leibliche Kinder, erbt der Ehe- oder Lebenspartner neben ihnen – einschließlich der Zusatzquote – die Hälfte des Vermögens.

Haben die Partner in einem Ehevertrag **Gütertrennung** vereinbart, hängt die Erbquote des überlebenden Partners davon ab, ob und wie viele Kinder neben ihm beim Erben zu berücksichtigen sind. Bei einem Kind beträgt seine Quote die Hälfte, bei zwei Kindern ein Drittel, bei drei Kindern ein Viertel.

Egal, ob Zugewinngemeinschaft oder Gütertrennung: In beiden Fällen verschieben

Was Ehegatten und Lebenspartner erben

Güterstand	neben Erben 1. Ordnung (Kinder, Enkel)	neben Erben 2. Ordnung (Eltern, Geschwister)	neben Erben 3. Ordnung (Groß-eltern)	neben Erben wei-terer Ordnungen
Zugewinngemeinschaft	½	¾	¾*)	¹⁄₁
Gütertrennung	½ bei einem Kind ⅓ bei zwei Kindern ¼ bei drei und mehr Kindern	½	½*)	¹⁄₁

*) Ist ein Großelternteil verstorben, erbt der überlebende Ehegatte anstelle seiner Abkömmlinge auch dessen Teil.
Sind keine Abkömmlinge vorhanden, geht der Anteil an die anderen Großelternteile.

sich die Quoten, wenn der Verstorbene keine Kinder hinterlässt. Neben dem hinterbliebenen Partner kommen dann Erben 2. Ordnung (Eltern, Geschwister und deren Abkömmlinge) zum Zuge. Neben ihnen erbt der Partner bei Zugewinngemeinschaft drei Viertel des Vermögens, bei Gütertrennung die Hälfte. Sind die Großeltern verstorben und existieren nur entferntere Erben der 3. Ordnung, erbt der Ehepartner alles.
Tipp: Wenn Sie keine Kinder haben, sollten Sie Ihren Nachlass regeln. Nur dadurch können Sie sicherstellen, dass Ihr Partner allein erbt. Ohne eine Nachlassregelung sind immer die Eltern und Geschwister des Verstorbenen beim Erben mit von der Partie.

Eine Erbengemeinschaft vermeiden

Sind mehrere Personen gesetzliche Erben, entsteht eine Erbengemeinschaft. Auf sie geht das Vermögen des Verstorbenen automatisch über. Jeder Erbe ist entsprechend seiner Quote an der Erbengemeinschaft beteiligt.
Beispiel: Frau Winter besitzt ein Einfamilienhaus, das sie selbst zuvor von ihren Eltern geerbt hatte, ein Konto mit einem Guthaben und ein Ferienhaus im Allgäu. Diese Vermö-

genswerte gehen mit ihrem Tod kraft Gesetzes auf eine Erbengemeinschaft über, an der ihr Ehemann zur Hälfte und ihre zwei Kinder zu je einem Viertel beteiligt sind. Das bedeutet also: Jedem Mitglied einer Erbengemeinschaft gehört jeder Vermögenswert entsprechend seiner Erbquote. Das Einfamilienhaus, das Konto und die Ferienwohnung gehören also allen gemeinsam.

Genau hier liegt das Streitpotenzial, das viele Erbengemeinschaften bis zur Handlungsunfähigkeit lähmt. Denn im Prinzip können die Mitglieder der Erbengemeinschaft – unabhängig von ihren Anteilen an den Vermögenswerten – alle Entscheidungen immer nur einstimmig fällen.

Will im Beispielfall Herr Winter das ererbte Ferienhaus im Allgäu an wechselnde Gäste vermieten, kann er das nicht durchsetzen, wenn es den beiden Kinder partout nicht passt.

Dasselbe gilt, wenn er der Meinung ist, dass das Dach des Einfamilienhauses dringend erneuert werden müsste. Selbst wenn eines der Kinder derselben Meinung wie er wäre, könnte er die Reparatur ohne die Zustimmung des zweiten Kindes nicht durchsetzen. Unter Erbrechtlern kursiert dazu ein Witz: „Woran erkennt man das Haus einer Erbengemeinschaft?" Antwort: „An der bröckelnden Fassade."

Tipp: Wenn in Ihrem Fall nach der gesetzlichen Erbfolge mehrere Personen erben, sollten Sie unbedingt Ihren Nachlass regeln.

Erbschaftsteuer kalkulieren

In den meisten Fällen ist die Erbschaft- und Schenkungsteuer kein Problem für die künftigen Erben. Denn der Fiskus spendiert nahen Angehörigen hohe Freibeträge. Ehepartner sowie eingetragene Lebenspartner erhalten einen Freibetrag von mindestens 500 000 Euro. Jedes Kind des Erblassers erhält 400 000 Euro steuerfrei.

Wer über ein großes Vermögen verfügt, kann durch clevere Gestaltungen zu Lebzeiten dafür sorgen, dass das Finanzamt beim Erben weitestgehend außen vor bleibt. Eine Gestaltungsvariante sind Schenkungen an die Lieben schon zu Lebzeiten. Das Finanzamt gewährt die steuerlichen Freibeträge nämlich alle zehn Jahre neu. Das können Vermögende für sich nutzen.

Beispiel: Frau Mai schenkt ihrer Tochter eine Eigentumswohnung mit einem Steuerwert von 400 000 Euro. Das Geschenk ist steuerfrei, weil der Tochter ein Freibetrag von 400 000 Euro zusteht. Zehn Jahre später kann Frau Mai ihrer Tochter eine weitere Wohnung mit diesem Wert schenken, ohne dass auch nur ein Cent Steuern anfällt. Denn nach zehn Jahren erhält die Tochter erneut einen Freibetrag von 400 000 Euro. Dasselbe gilt, wenn Frau Mai nach weiteren zehn Jahren stirbt und ihrer Tochter ihr restliches Vermögen vermacht.

Alles andere als großzügig geht das Finanzamt dagegen mit Partnern um, die ohne Trauschein oder Eintragung als Lebensgemeinschaft zusammenleben. Ihnen stehen nur 20 000 Euro als Freibetrag zu. Der ist schnell überschritten, wenn ein Lebenspartner dem anderen eine Wohnung ver-

UNSER RAT
___

Überblick verschaffen

Gesetzliche Erben. Stellen Sie zunächst fest, wer Ihre gesetzlichen Erben sind, falls Sie bisher noch nichts geregelt haben. Ist die Familie intakt, dürfte das Ergebnis häufig zufriedenstellend sein.

Erbengemeinschaft. Bedenken Sie allerdings, dass mehrere gesetzliche Erben stets eine Erbengemeinschaft bilden. Entscheidungen über Renovierungen am Haus, Verkäufe einzelner Nachlassgegenstände und andere Dinge erfordern die Zustimmung aller Mitglieder der Erbengemeinschaft. Das führt oft zu erbittertem Streit.

Schenkung. Bei größeren Vermögen kann es ratsam sein, Teile seines Vermögens bereits zu Lebzeiten an die Erben weiterzugeben, um hohe Erbschaftsteuern zu vermeiden.
___

macht. Zu allem Überfluss ist der Erbschaftsteuersatz für Lebensgefährten deutlich höher als für Ehe- oder eingetragene Lebenspartner. Das Finanzamt verlangt von ihnen mindestens 30 statt 7 Prozent. Wer jedoch nichts regelt, sorgt dafür, dass der Partner nach der gesetzlichen Erbfolge ohnehin komplett leer ausgeht. Immerhin: Steuern muss er oder sie dann auch nicht zahlen.

Die gesetzliche Erbfolge an Praxisbeispielen

Wie funktioniert das Ganze nun in der Praxis? Was passiert beispielsweise, wenn es außereheliche Kinder gibt, Kinder minderjährig sind oder ein Kind bereits verstorben ist? An vier Praxisbeispielen auf den folgenden Seiten zeigen wir Ihnen, welche Tücken die gesetzliche Erbfolge für ein Ehepaar mit Kindern, ein Paar ohne Trauschein, ein Rentnerehepaar mit Kindern und Enkeln und eine Alleinstehende ohne Kinder bereithält.

Ehepaar mit Kindern

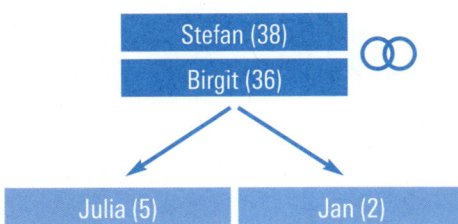

Paar ohne Trauschein mit Kindern

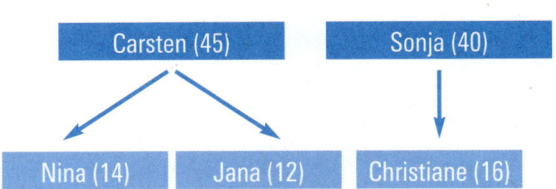

Stefan, 38, und Birgit, 36, sind seit zwölf Jahren verheiratet (kein Ehevertrag). Sie haben zwei Kinder, Julia, 5, und Jan, 2.

Frage: Wer erbt, wenn Stefan stirbt?
Birgit erbt als Ehefrau die Hälfte seines Vermögens, seine Kinder die andere Hälfte, also je 1/4. Birgit und die Kinder bilden eine Erbengemeinschaft, an der Birgit zu 1/2, die Kinder zu je 1/4 beteiligt sind. Bis die Kinder volljährig sind, vertritt der hinterbliebene Elternteil als gesetzlicher Vertreter die Interessen der Kinder. Bestimmte schwerwiegende Entscheidungen, zum Beispiel der Verkauf eines Grundstücks, stehen allerdings unter dem Vorbehalt, dass das Familiengericht eine Genehmigung erteilt. Dieselbe Erbfolge gilt auch andersherum, falls Birgit stirbt. Beim Tod beider Elternteile erben Julia und Jan das gesamte Vermögen ihrer Eltern je zur Hälfte.
Variante 1: Stefan hat noch ein weiteres Kind aus einer vorehelichen Beziehung. Dieses Kind steht als Erbe gleichberechtigt neben den beiden ehelichen Kindern Julia und Jan. Bei Stefans Tod würde Birgit die Hälfte erben, Stefans leibliche Kinder je 1/6.
Variante 2: Stefan und Birgit haben keine Kinder. Falls Stefan stirbt, erbt Birgit 3/4, seine Eltern oder, falls diese verstorben sind, die Geschwister 1/4.
Fazit: Wollen Stefan und Birgit sicherstellen, dass der überlebende Partner für den Fall des eigenen Todes allein erbt, müssen sie sich per Testament gegenseitig als Alleinerben einsetzen.

Carsten, 45, und Sonja, 40, leben ohne Trauschein zusammen. Carsten hat aus einer früheren Ehe zwei Kinder – Nina, 14, und Jana, 12. Sie leben bei ihrer Mutter. Im Haushalt von Carsten und Sonja lebt aber noch Christiane, 16, die Tochter von Sonja aus einer früheren Beziehung.

Frage: Wer erbt, wenn Carsten stirbt?
Da Carsten und Sonja nicht verheiratet waren, geht Sonja leer aus. Carstens leibliche Kinder Nina und Jana (Erben der 1. Ordnung) erben zu Anteilen von je 1/2. Christiane, die nicht mit ihm verwandt ist, erbt nichts.
Variante: Sonja stirbt.
Auch in diesem Fall gilt: Ohne Trauschein oder ohne eingetragene Lebenspartnerschaft kein gesetzliches Erbrecht. Carsten geht beim Erben komplett leer aus. Sonjas leibliche Tochter Christiane erbt das gesamte Vermögen ihrer Mutter.
Fazit: Paare ohne Trauschein oder Paare, die nicht in einer eingetragenen Lebenspartnerschaft zusammenleben, sollten unbedingt rechtzeitig die Nachlassplanung angehen. Der Lebenspartner geht sonst im Todesfall komplett leer aus. Dies dürfte selten im Sinne der Beteiligten sein.

Rentnerehepaar mit Kindern und Enkeln

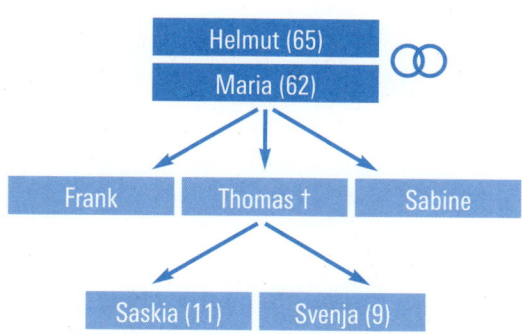

Helmut, 65, und Maria, 62, sind seit 30 Jahren verheiratet. Einen Ehevertrag haben sie nicht abgeschlossen. Das Ehepaar hatte drei Kinder und hat zwei Enkelkinder. Die Enkel, Svenja, 9, und Saskia, 11, stammen von Sohn Thomas, der mit 32 Jahren bei einem Verkehrsunfall ums Leben gekommen ist. Es besteht kaum Kontakt zu den Enkeln, seit die frühere Schwiegertochter erneut geheiratet hat.

Frage: Wer erbt, wenn Helmut stirbt?
Maria erbt die Hälfte des Vermögens, das Helmut hinterlässt. Ihre zwei Kinder, Frank und Sabine, und an Thomas' Stelle dessen zwei Kinder, Svenja und Saskia, erben die andere Hälfte mit Anteilen von je 1/6. Svenja und Saskia sind also zu je 1/12 an der Erbengemeinschaft mit ihrer Oma Maria, ihrem Onkel Frank und ihrer Tante Sabine beteiligt. Bis sie volljährig sind, werden sie von ihrer Mutter, der früheren Schwiegertochter von Helmut und Maria, vertreten.
Fazit: Um in solchen und ähnlichen Fällen eine höchstwahrscheinlich zerstrittene Erbengemeinschaft zu vermeiden, sollte schnellstmöglich die Nachlassplanung in Angriff genommen werden.

Single ohne Kind

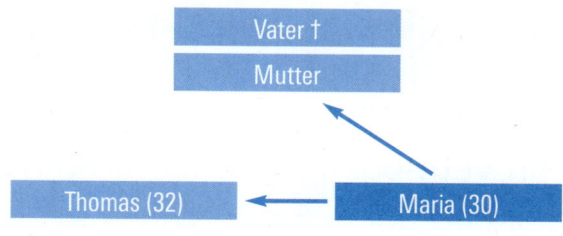

Maria, 30, ist alleinstehend und kinderlos. Sie hat einen Bruder, Thomas, 32. Ihre Mutter lebt noch, der Vater ist bereits verstorben.

Frage: Wer erbt, wenn Maria stirbt?
Da Maria keine Kinder hat, die als Erben der 1. Ordnung alle anderen ausschließen, erbt ihre Mutter die eine Hälfte ihres Vermögens und – weil der Vater verstorben ist – ihr Bruder die andere Hälfte. Mutter und Bruder bilden eine Erbengemeinschaft zu Anteilen von je 1/2.
Variante 1: Auch Marias Vater lebt noch. Marias Eltern erben zu Anteilen von je 1/2. Ihr Bruder geht leer aus.
Variante 2: Beide Elternteile von Maria sind verstorben.
Thomas als einziger Bruder ist Alleinerbe.
Variante 3: Maria hat keine Geschwister. Dann ist ihre Mutter ihre Alleinerbin.
Fazit: Maria muss ein Testament machen, wenn sie auf keinen Fall will, dass ihr Bruder erbt. Mit einem Testament des Inhalts „Hiermit setze ich meine Mutter als Alleinerbin ein" könnte sie sicherstellen, dass er leer ausgeht. Als Bruder hätte Thomas auch keine Pflichtteilsansprüche.

Ein Testament verfassen: Streit vermeiden

Nur wer rechtzeitig ein Testament macht, kann sicherstellen, dass sein Vermögen eines Tages an diejenigen geht, die er sich selbst als seine Erben wünscht.

Wollen Sie wirklich, dass der Gesetzgeber eines Tages Ihre Erben bestimmt? Sicher nicht. Sie können das verhindern. Ein einfaches, vom ersten bis zum letzten Buchstaben handschriftlich verfasstes Testament genügt bereits, um die gesetzliche Erbfolge auszuhebeln.

Formvorschriften genau beachten

Aber Achtung: Das handschriftliche Testament hat seine Tücken. Es muss strengen Formalien genügen, damit es gültig ist. Wichtigster Punkt: Auch im Computerzeitalter muss es vom ersten bis zum letzten Buchstaben mit der Hand geschrieben werden! Ein am PC verfasstes Schreiben ist daher ungültig. Ort, Datum und Unterschrift, am besten mit Vor- und Zunamen, sollten auf keinen Fall fehlen.

Außerdem müssen Sie sicherstellen, dass das Testament nach Ihrem Tod gefunden wird. Es ins Lieblingsbuch zu stecken, ist riskant. Taucht es nicht rechtzeitig auf, bleibt es bei der gesetzlichen Erbfolge.

Tipp: Am besten ist es, das Testament gegen eine Gebühr beim Amtsgericht zu hinterlegen. Damit stellen Sie sicher, dass Ihre Regelungen und Anordnungen später tatsächlich beachtet werden. Sie können Ihr Testament aber auch in Ihren Vorsorge-Ordner legen, den Sie an einem festen Ort aufbewahren. Sagen Sie Ihren Angehörigen und etwaigen weiteren Vertrauten, wo sie den Ordner finden.

Wer erben soll, kann der Erblasser selbst bestimmen. Ob er Ehefrau, Geliebte, Kinder und Enkel bedenken will, ist allein seine Sache. Er kann auch seinen besten Freund oder jede beliebige andere Person als Erben einsetzen. Haustiere können zwar nicht erben, aber selbst zu ihren Gunsten sind testamentarische Verfügungen möglich. Sie kommen bei älteren, alleinstehenden Menschen gar nicht selten vor.

Pflichtteilsansprüche berücksichtigen

Wer jedoch sehr nahe Angehörige komplett enterben will, stößt an eine Grenze. Denn der Gesetzgeber sichert den eigenen Kindern, dem Ehepartner und – falls keine Kinder da sind – sogar den Eltern des Verstorbenen einen Mindestanteil am Erbe zu. Dieser sogenannte Pflichtteil macht stets die Hälfte des gesetzlichen Erbteils aus.

Beispiel: Frau Zimmer ist verwitwet. Ihr Sohn Stefan ist ihr einziges Kind. Er soll nach ihrer Vorstellung jedoch nichts erben, weil er sich nie um sie gekümmert hat. Daher schreibt sie folgendes Testament: „Hiermit setze ich den Hospizverein als Alleinerben meines Vermögens ein." Mit diesem Testament hat Frau Zimmer ihren Sohn quasi enterbt.

Ganz leer geht er trotzdem nicht aus, denn er hat einen Pflichtteilsanspruch. Nach der gesetzlichen Erbfolge wäre Stefan als einziges Kind ihr Alleinerbe. Sein Pflichtteilsanspruch beträgt die Hälfte des gesetzlichen

Erbes, hier die Hälfte des Erbes insgesamt. Stefan kann also einen Geldbetrag in Höhe von 50 Prozent des Nachlassvermögens beim Hospizverein einfordern.

Ärger mit dem enterbten Sohn

Angenommen, Frau Zimmers Vermögen besteht in einer Eigentumswohnung mit einem Wert von 200 000 Euro. Der Hospizverein erbt nach dem Testament von Frau Zimmer zwar die Wohnung, muss aber, falls deren Sohn Stefan seinen Pflichtteil fordert, 100 000 Euro an ihn zahlen. Wenn der Verein so viel Geld anders nicht aufbringen kann, muss er die geerbte Wohnung beleihen oder verkaufen, um Stefan auszuzahlen.

Tipp: Wer Pflichtteilsberechtigte enterben will, sollte sich rechtzeitig beraten lassen. Andernfalls besteht die Gefahr, dass die enterbten Pflichtteilsberechtigten die Erben mit schwer erfüllbaren Zahlungsansprüchen konfrontieren.

Eigenhändiges oder notarielles Testament?

Sie können Ihr Testament eigenhändig verfassen oder aber zu einem Notar gehen. Das Gesetz bietet beide Varianten an.

Eigenhändiges Testament
Jeder ab 18 Jahren kann selbst sein Testament machen. Wichtig ist, dass es vom ersten bis zum letzten Buchstaben mit der Hand geschrieben wird und Ort, Datum und Unterschrift mit Vor- und Zunamen umfasst. Zum Inhalt: Es sollte so detailliert wie möglich festlegen, wer was bekommen soll. Wichtig ist, das Schriftstück so aufzubewahren, dass die Erben es finden. Am sichersten ist, es beim Amtsgericht zu hinterlegen.

1. Vorteil: Keine Kosten, bis auf einmalige Gebühren für eine Hinterlegung beim Amtsgericht.
2. Vorteil: Änderungen sind jederzeit unbürokratisch möglich.
Nachteil: Keine Beratung durch einen Notar.
Tipp: Bei komplizierten Vermögensverhältnissen oder großem Vermögen sollten Sie sich unbedingt von einem im Erbrecht versierten Anwalt beraten lassen.

Notarielles Testament
Alternativ besteht die Möglichkeit, das Testament von einem Notar aufsetzen zu lassen. So können auch schon Minderjährige ab 16 Jahren ihren Nachlass regeln.
1. Vorteil: Der Notar berät über die rechtlichen Folgen der Erbeinsetzung.
2. Vorteil: Das notarielle Testament wird registriert und amtlich verwahrt. Somit ist es im Todesfall auffindbar.
Nachteil: Kosten, die sich am Nachlassvermögen abzüglich der Hälfte der Schulden orientieren (siehe Tabelle auf Seite 84).

Mustertestamente

Hier finden Sie Formulierungsbeispiele für drei häufige Testamentsformen: ein Testament für Alleinstehende sowie zwei für Ehepaare – ein Ehegattentestament für Paare ohne Kinder und das Berliner Testament für Paare mit Kindern, die sicherstellen wollen, dass der Partner zunächst allein erbt.

Ihr Testament müssen Sie vom ersten bis zum letzten Buchstaben handschriftlich verfassen, wenn Sie keinen Notar hinzuziehen. Wie das beim Ehegattentestament funktioniert, siehe Seite 84.

Testament Alleinstehender

Beispiel: Egon Kranz aus Aachen ist alleinstehend und hat keine Kinder. Als Erben möchte er seinen Neffen David einsetzen, ersatzweise seine Nichte Denise.

Mein Testament

Zu meinem Alleinerben berufe ich meinen Neffen David Kranz, geboren am 25.08.1942, wohnhaft in Berlin. Sollte er nicht mein Alleinerbe werden wollen oder können, so berufe ich zu meiner Alleinerbin meine Nichte Denise Siebeneick, geboren am 22.09.1946, wohnhaft in Stuttgart.

Ort, Datum

Unterschrift
Egon Kranz

Ehegattentestament

Beispiel: Nina und Björn Sommer haben im Juli geheiratet. Sie haben keine Kinder und wollen sicherstellen, dass der überlebende Partner Alleinerbe wird, falls der andere stirbt.

Unser Testament

Wir, die Eheleute Nina Sommer, geboren am 05.10.1982, und Björn Sommer, geboren am 12.07.1980, beide derzeit wohnhaft in Berlin, Otto-Suhr-Allee 25, setzen uns gegenseitig als alleinige Vollerben unseres gesamten Vermögens ein.

Für den Fall, dass unsere Ehe vor dem Tod eines von uns aufgelöst wird, sollen die in diesem Testament getroffenen Verfügungen insgesamt unwirksam sein. Der Eheauflösung gleich steht der Antrag auf Ehescheidung. Dabei ist es egal, wer von uns die Scheidung beantragt hat.

------------------------------- -------------------------------
Ort, Datum   *Ort, Datum*

------------------------------- -------------------------------
Unterschrift   *Unterschrift*
Nina Sommer   *Björn Sommer*

Berliner Testament

Beispiel: Ute und Herbert Lang haben zwei Söhne, Carl und Leon. Sie möchten in einem Ehegattentestament regeln, dass der Überlebende zunächst allein erbt. Die Kinder sollen erst nach dem Tod des Letztversterbenden erben. Diese spezielle Form des Ehegattentestaments nennt sich Berliner Testament.

Unser Testament

Wir, die Eheleute Ute Lang, geboren am 22.09.1964, und Herbert Lang, geboren am 16.11.1962, beide derzeit wohnhaft in Köln, Dürener Str. 140, setzen uns gegenseitig als alleinige Vollerben unseres gesamten Vermögens ein.

Schlusserben des länger Lebenden von uns werden unsere Kinder Carl, geboren am 06.11.1996, und Leon, geboren am 29.03.1998, derzeit wohnhaft in Köln, Dürener Str. 140.

Verlangen unsere Kinder nach dem Tod des Erstversterbenden gegen unseren Willen den Pflichtteil, sind sie für den zweiten Todesfall von der Erbfolge ausgeschlossen.

------------------------------- -------------------------------
Ort, Datum   *Ort, Datum*

------------------------------- -------------------------------
Unterschrift   *Unterschrift*
Ute Lang   *Herbert Lang*

Kosten für den Notar

Die Gebühren[1] für ein notarielles Testament sind gesetzlich festgelegt. Sie orientieren sich am Wert des Vermögens[2]. Bei gemeinschaftlichen Testamenten von Ehegatten und eingetragenen Lebenspartnern fallen doppelte Gebühren für den Notar an.

Gegenstandswert (Euro) = Vermögen in Höhe von ... Euro abzüglich der Hälfte bestehender Schulden	Gebühr für ein Einzeltestament (Euro)	Gebühr für ein gemeinschaftliches- oder Ehegattentestament (Euro)
50 000	165	330
80 000	219	438
125 000	300	600
170 000	381	762
200 000	435	870
290 000	585	1 170
350 000	685	1 370

1) Zuzüglich Umsatzsteuer in Höhe von 19 Prozent und Auslagen. 2) Bei einem geringeren Vermögen kostet der Notar mindestens 60 Euro (Einzeltestament) oder 120 Euro (Gemeinschaftliches oder Ehegattentestament).

Das Ehegattentestament

Verheiratete und eingetragene Lebenspartner können ihren letzten Willen allein (Einzeltestament) oder gemeinsam (Ehegattentestament) formulieren (siehe Seite 83). Darüber hinaus haben sie die Wahl, es selbst zu schreiben oder einen Notar aufzusuchen.

Beim **eigenhändigen** Ehegattentestament schreibt ein Partner den kompletten Text, fügt Ort, Datum sowie Unterschrift (Vor- und Zuname) hinzu. Der andere Partner fügt am Ende handschriftlich Ort, Datum sowie Unterschrift (Vor- und Zuname) hinzu.

Beim **notariellen** Ehegattentestament verfasst der Notar den letzten Willen der Ehe- oder eingetragenen Lebenspartner. Dafür stellt er doppelte Gebühren in Rechnung, die sich am Nachlassvermögen abzüglich der Hälfte der Schulden orientieren (siehe Tabelle oben).

Testament ändern oder widerrufen

Ist ein Testament einmal verfasst, bleibt es grundsätzlich gültig. Dies gilt auch, wenn sich die Lebensumstände ändern.

Beispiel: Michael Hein hat in harmonischen Beziehungszeiten seine damalige, nicht eheliche Lebenspartnerin Regine als Alleinerbin eingesetzt. Als die Beziehung schon längst aus und vorbei ist, kommt Herr Hein bei einem Verkehrsunfall ums Leben. Sein Testament hatte er vorher nicht mehr geändert. Die Folge: Seine Exlebensgefährtin Regine wird Alleinerbin. Herrn Heins Patentante und seine Freunde gehen leer aus.

Tipp: Überprüfen Sie Ihr Testament regelmäßig auf seinen Inhalt. Falls Sie nicht mehr daran festhalten wollen, sollten Sie es unverzüglich widerrufen oder ändern.

Falls Sie Ihr Testament handschriftlich verfasst haben, sollten Sie Änderungen sowie Ergänzungen stets (handschriftlich!) in Nachträgen vornehmen, mit Datum und Ort versehen und mit Vor- und Zuname unterschreiben. Möchten Sie es widerrufen, zerreißen Sie es am besten oder stecken es in den Schredder. Damit ist sichergestellt, dass die Erben später keinen Grund finden, darüber zu streiten, ob das Testament wirklich widerrufen wurde.

Wer ein notarielles Testament hat, kann es aus der Welt schaffen, indem er es aus der amtlichen Verwahrung zurücknimmt. Dabei erhält er vom Amtsgericht den Hinterlegungsschein zurück. Achtung – genau wie beim Verfassen des Testaments selbst gilt auch für spätere Änderungen: nicht auf die lange Bank schieben. Sonst kann es unter Umständen zu spät dafür sein.

Sorgerechtsverfügung für Kinder

Die Vormundschaft für ihre Kinder müssen Eltern nicht Gerichten überlassen. Sie können per Sorgerechtsverfügung vorschlagen, wer sich um die Kinder kümmern soll für den Fall, dass sie selbst sterben.

Eine quälende Frage für Eltern: Was geschieht mit unseren Kindern, falls wir sterben, bevor sie volljährig sind?

Es passiert nicht oft, dass Kinder zu Vollwaisen werden. Nach Angaben der Deutschen Rentenversicherung trifft es etwas über 1 000 jedes Jahr. Doch der Gedanke ist belastend, und viele Eltern möchten für diese Situation Vorkehrungen treffen.

Sie können dafür eine Sorgerechtsverfügung verfassen und einen Vormund für ihre Kinder vorschlagen. Der tritt im Todesfall an die Stelle der Eltern und kümmert sich um alle persönlichen und wirtschaftlichen Belange des Kindes.

Eltern vermeiden so das Risiko, dass Gerichte im ungünstigsten Fall einen Fremden als Vormund aussuchen. Denn sterben beide Eltern, geht das Sorgerecht nicht automatisch an nahe Verwandte wie Großeltern, erwachsene Geschwister, Tanten oder Onkel über, auch wenn diese für die Gerichte meist die ersten Ansprechpartner sind.

Die Vormundschaft aufteilen

Es kann auch sinnvoll sein, die Erziehung der Kinder und Verwaltung ihres Erbes an verschiedene Personen zu übertragen. Wenn sich die Großeltern etwa mit finanziellen Angelegenheiten überfordert fühlen, könnten sie nur die Erziehung der Kinder übernehmen. Die Vermögensverwaltung könnte

Wirksam vorsorgen

Im Todesfall. Es gibt zwei Wege, um einen Vormund zu bestimmen: Sie verfassen die Sorgerechtsverfügung handschriftlich und unterschreiben sie, oder Sie gehen zum Notar. Die Übernahme einer kirchlichen Patenschaft hat entgegen gängiger Meinung keine rechtliche Bedeutung.

Bei Krankheit. Sie können auch für den Fall, dass Sie ernsthaft erkranken, eine Sorgerechtsverfügung als Teil der Vorsorgevollmacht aufsetzen. Wichtig: Diese gilt nur zu Lebzeiten!

dann beispielsweise an die Geschwister der Eltern oder an Freunde gehen, die sich in Finanzdingen besser auskennen.

Alleinerziehende sollten besser vorsorgen

Kinder werden deutlich öfter zu Halbwaisen als zu Vollwaisen. Im Jahr 2011 waren es laut Deutscher Rentenversicherung immerhin 64 000 Kinder und Jugendliche.

Wenn ein Elternteil stirbt, übernimmt üblicherweise der andere Elternteil alleine das Sorgerecht. Das gilt auch für getrennt lebende oder geschiedene Paare, selbst in den Fällen, in denen zuvor der Verstorbene das alleinige Sorgerecht hatte.

Alleinerziehende, die Vorbehalte gegenüber dem anderen Elternteil haben und nicht möchten, dass er das Sorgerecht bekommt, können in der Verfügung ihre Einwände darlegen und einen anderen Vormund vorschlagen. Gründe könnten sein, dass der Vater das Kind kaum kennt oder dauerhaft erkrankt ist.

Den passenden Vormund finden

Wenn Sie in einer funktionierenden Partnerschaft leben, überlegen Sie am besten zusammen mit Ihrem Partner, wer das Sorgerecht im Ernstfall übernehmen soll. Sind Ihre Kinder nicht mehr ganz klein, sollten Sie auch deren Meinung berücksichtigen. Ab dem 14. Geburtstag dürfen Kinder bei der Wahl des Vormunds mitreden. Wichtig ist, dass Sie und Ihre Kinder absolutes Vertrauen zum Vormund haben.

Vertrauen und Sympathie sind zwar unverzichtbare Voraussetzungen. Das allein reicht aber nicht aus. Klären Sie ebenfalls: Hat Ihr Wunschvormund genug Platz, um Kinder aufzunehmen, und genug Zeit, um sich um sie zu kümmern? Ist er fit und flexibel genug, um den Elternjob im Ernstfall übernehmen zu können?

Haben Sie eine Person ins Auge gefasst, sollten Sie diese unbedingt fragen, ob sie bereit ist, die Vormundschaft zu übernehmen.

Bedenken Sie auch: Lebenssituationen können sich verändern. Ihr Wunschvormund ist vielleicht zwischenzeitlich selbst erkrankt, nach Kanada ausgewandert oder hat einen Partner geheiratet, der mit Ihren Kindern gar nichts anfangen kann. Deshalb sollten Sie regelmäßig prüfen, ob Ihre Wahl noch passt.

Digitaler Nachlass: Ewig online

Nach dem Tod laufen Nutzerkonten und online geschlossene Verträge erst einmal weiter. Doch der digitale Nachlass lässt sich leicht regeln.

Allzu viel ist von der Rentnerin nicht zu finden im Internet: Sie verkauft selbstgestrickte Babydecken, Mützen und Schals bei einer Handarbeitsplattform, hat ein Nutzerkonto beim E-Mail-Anbieter und ist bei diversen Versandhändlern registriert. Über alle Aktivitäten hat die 64-Jährige ihre Tochter informiert. Das ist gut, denn wenn sie irgendwann einmal stirbt, müssen ihre Erben auch den digitalen Nachlass sichten.

Drei Viertel der Menschen in Deutschland sind im Internet unterwegs. Neun von zehn Internetnutzern kaufen online ein. Fast jeder Zweite in der Bundesrepublik nutzt Onlinebanking. Unter den über 800 000 Menschen, die in Deutschland jährlich sterben, sind immer mehr Internetnutzer. Sie hinterlassen nicht nur Sachwerte, sondern auch Onlinekonten und Homepages.

Verträge gehen auf die Erben über

Zahlreiche von den online geschlossenen Verträgen gehen mit dem Tod des Nutzers auf den Erben über: eine laufende Online-Auktion, die Bestellung beim Versandhandel oder die beim Onlineportal gebuchte Urlaubsreise. Der Erbe muss den versteigerten Biedermeierschrank auf den Weg bringen, den bestellten Laptop bezahlen oder die Mittelmeer-Kreuzfahrt stornieren. Die wenigsten Verträge enden automatisch mit dem Tod des Internetnutzers.

Auch unentgeltliche Nutzerkonten des Verstorbenen bei sozialen Netzwerken und Versandhändlern bleiben erst einmal bestehen. Pflichten für den Erben entstehen daraus nicht. Er steht aber vor der Frage, was erhalten und was gelöscht werden soll.

Viele Angehörige wünschen sich, dass der Tod bemerkbar ist und der Verstorbene im Netz nicht ewig weiterexistiert. Andere möchten im Internet eine Gedenkstätte einrichten, damit Freunde gemeinsam trauern können. Möglich ist das zum Beispiel beim sozialen Netzwerk Facebook: Die Profilseite kann in einen „Gedenkzustand" versetzt werden.

Der Blick in die E-Mails ist schwierig

„Die drängendste Frage, die sich den Erben stellt, ist: Wie komme ich an die E-Mails des Verstorbenen?", sagt Professor Peter Bräutigam von der Rechtsanwaltskanzlei Noerr. Denn in den E-Mails können wichtige Informationen stecken, zum Beispiel Hinweise auf Konten, auf Versicherungs- und Kreditverträge oder geschäftlicher Schriftverkehr. Jenseits der digitalen Welt lassen sich solche Geschäftsbeziehungen normalerweise leicht nachvollziehen: Der Erbe öffnet einfach die Briefe, die den Verstorbenen erreichen. Dazu ist er berechtigt.

Im Internet sieht das anders aus. Ohne Passwörter und andere Zugangsdaten wie die E-Mail-Adresse ist es schwierig, den digitalen Nachlass zu ordnen. Der Erbe weiß oft nicht, wo der Verstorbene online aktiv war. Das ist aber eine wichtige

Sichten und regeln

Testament. Legen Sie in einem Testament fest, was mit Ihrem digitalen Nachlass geschehen soll. Regeln Sie etwa, wer Zugang zu welchen Internetdiensten erhalten soll.

Vorsorgevollmacht. Sie können auch in einer Vorsorgevollmacht eine Person bestimmen, die bei einer schweren Erkrankung bevollmächtigt ist, Verträge zu kündigen oder Daten zu verwalten.

Private Daten. Löschen Sie von Zeit zu Zeit Daten, die niemandem in die Hände fallen sollen. Das können etwa private E-Mails oder Fotos sein.

Konten und Passwörter. Verschaffen Sie sich einen Überblick über Ihre Onlineaktivitäten und Nutzerkonten und listen Sie diese mit Passwörtern und Nutzernamen auf, wenn Ihre Erben Zugriff haben sollen. Hinterlegen Sie sensible Zugangsdaten wie etwa für Onlinekonten beim Notar.

Voraussetzung, um die Pflichten des Verstorbenen, die auf ihn als Erben übergehen, zu erfüllen.

Wenn der Erbe die Passwörter nicht kennt, kann er die Nutzerkonten nicht selbstständig einsehen und löschen. Er muss sich an den Anbieter des Dienstes wenden, zum Beispiel an den E-Mail-Dienst. „Nach geltendem Recht ist unklar, ob der Erbe einen Anspruch hat, die E-Mails einzusehen", sagt Peter Bräutigam. „Anbieter könnten den Zugang unter Hinweis auf das Telekommunikationsgeheimnis verweigern. Denn dadurch ist auch derjenige geschützt, mit dem der mittlerweile Verstorbene kommuniziert hat." Pech für den Erben: Er bekommt keinen Einblick.

Solange die rechtliche Lage nicht im Sinne der Erben geregelt ist, dürften sich in der Praxis die Fälle häufen, in denen Internetnutzer das Passwort und die Zugangsdaten für die Erben einfach hinterlegen. Dann kommen diese leicht an den Schriftverkehr und können das E-Mail-Konto auch selbst löschen.

Den digitalen Nachlass zu sichten ist für den Erben oft eine langwierige Aufgabe. Längst hat sich aus diesem Problem ein neuer Geschäftszweig entwickelt: Dienstleister wie das Unternehmen Semno bieten den Hinterbliebenen an, diesen Teil der Erbschaft zu sortieren. Dazu untersucht Semno den Computer des Verstorbenen und analysiert, wie dieser das Internet genutzt hat. Der Service kostet ab 139 Euro und setzt voraus, dass die Hinterbliebenen den Computer einsenden.

Gute Lösung: Das Testament

Wer nicht möchte, dass womöglich Fremde nach seinem Tod die Daten in seinem Computer sichten, und zudem seinen Erben die Suche ersparen will, regelt seinen digitalen Nachlass am besten in einem Testament und hinterlegt die Zugangsdaten beim Notar.

Im Testament kann der Internetnutzer auch festhalten, dass er nicht möchte, dass seiner Familie bestimmte Daten zugänglich sind. Er kann bestimmen, dass ein Testamentsvollstrecker Informationen löscht. „Alternativ dazu kann der Nutzer in einer Vorsorgevollmacht eine Person benennen, die bei Krankheit oder Tod als bevollmächtigt gilt, Nutzungsverträge zu kündigen oder Daten zu übertragen", sagt der Fachanwalt für Erbrecht Andreas Abel.

Service

Adressen

Verbraucherzentralen

**Verbraucherzentrale
Bundesverband e. V. (vzbv)**
Markgrafenstr. 66
10969 Berlin
Tel. 0 30/25 80 00
Fax 0 30/25 80 02 18
info@vzbv.de
www.vzbv.de

**Verbraucherzentrale
Baden-Württemberg e. V.**
Paulinenstr. 47
70178 Stuttgart
Tel. 0 18 05/50 59 99
Fax 07 11/66 91 50
info@vz-bw.de
www.vz-bw.de

Verbraucherzentrale Bayern e. V.
Mozartstr. 9
80336 München
Tel. 0 90 01/89 22 93 76
Fax 0 89/53 75 53
info@vzbayern.de
www.verbraucherzentrale-bayern.de

Verbraucherzentrale Berlin e. V.
Hardenbergplatz 2
10623 Berlin
Tel. 0 30/21 48 50
Fax 0 30/2 11 72 01
mail@verbraucherzentrale-berlin.de
www.vz-berlin.de

Verbraucherzentrale Brandenburg e. V.
Templiner Str. 21
14473 Potsdam
Tel. 03 31/29 87 10
Fax 03 31/2 98 71 77
info@vzb.de
www.vzb.de

Verbraucherzentrale Bremen e. V.
Altenweg 4
28195 Bremen
Tel. 04 21/16 07 77
Fax 04 21/1 60 77 80
info@verbraucherzentrale-bremen.de
www.verbraucherzentrale-bremen.de

Verbraucherzentrale Hamburg e. V.
Kirchenallee 22
20099 Hamburg
Tel. 0 40/24 83 20
Fax 0 40/24 83 22 90
info@vzhh.de
www.vzhh.de

Verbraucherzentrale Hessen e. V.
Große Friedberger Str. 13–17
60313 Frankfurt a. M.
Tel. 0 69/97 20 10 90 0
Fax 0 69/97 20 10 50
vzh@verbraucher.de
www.verbraucher.de

**Neue Verbraucherzentrale
in Mecklenburg und Vorpommern e. V.**
Strandstr. 98
18055 Rostock
Tel. 03 81/2 08 70 50
Fax 03 81/2 08 70 30
info@nvzmv.de
www.nvzmv.de

**Verbraucherzentrale
Niedersachsen e. V.**
Herrenstr. 14
30159 Hannover
Tel. 05 11/9 11 96 0
Fax 05 11/9 11 96 10
info@vzniedersachsen.de
www.verbraucherzentrale-
niedersachsen.de

**Verbraucherzentrale
Nordrhein-Westfalen e. V.**
Mintropstr. 27
40215 Düsseldorf
Tel. 02 11/3 80 90
Fax 02 11/3 80 92 16
vz.nrw@vz-nrw.de
www.vz-nrw.de

**Verbraucherzentrale
Rheinland-Pfalz e. V.**
Seppel-Glückert-Passage 10
55116 Mainz
Tel. 0 61 31/2 84 80
Fax 0 61 31/28 48 66
info@vz-rlp.de
www.vz-rlp.de

**Verbraucherzentrale
des Saarlandes e. V.**
Haus der Beratung
Trierer Str. 22
66111 Saarbrücken
Tel. 06 81/5 00 89 0
Fax 06 81/5 00 89 22
vz-saar@vz-saar.de
www.vz-saar.de

Verbraucherzentrale Sachsen e. V.
Katharinenstr. 17
04109 Leipzig
Tel. 03 41/69 62 90
Fax 03 41/6 89 28 26
vzs@vzs.de
www.verbraucherzentrale-sachsen.de

**Verbraucherzentrale
Sachsen-Anhalt e. V.**
Steinbockgasse 1
06108 Halle / Saale
Tel. 03 45/2 98 03 29
Fax 03 45/2 98 03 26
vzsa@vzsa.de
www.vzsa.de

Verbraucherzentrale
Schleswig-Holstein e. V.
Andreas-Gayk-Str. 15
24103 Kiel
Tel. 04 31/59 09 90
Fax 04 31/5 90 99 77
info@vzsh.de
www.vzsh.de

Verbraucherzentrale Thüringen e. V.
Eugen-Richter-Str. 45
99085 Erfurt
Tel. 03 61/5 55 14 0
Fax 03 61/5 55 14 40
info@vzth.de
www.vzth.de

Anwaltssuche

Deutscher Anwaltverein (DAV) e. V.
Littenstr. 11
10179 Berlin
Tel. 0 18 05/18 18 05
www.anwaltauskunft.de

Bundesrechtsanwaltskammer (BRAK)
Littenstr. 9
10179 Berlin
Tel. 0 30/2 84 93 90
Fax 0 30/28 49 39 11
www.brak.de

Brandenburgische Rechts-anwaltskammer
Grillendamm 2
14776 Brandenburg
Tel. 0 33 81/2 53 30
Fax 0 33 81/25 33 23
www.rak-brb.de

Hanseatische Rechtsanwaltskammer Bremen
Knochenhauerstr. 36/37
28195 Bremen
Tel. 04 21/16 89 70
Fax 04 21/1 68 97 20
www.rak-bremen.de

Hanseatische Rechtsanwaltskammer Hamburg
Bleichenbrücke 9
20354 Hamburg
Tel. 0 40/3 57 44 10
Fax 0 40/35 74 41 41
www.rak-hamburg.de

Pfälzische Rechtsanwaltskammer
Landauer Str. 17
66482 Zweibrücken
Tel. 0 63 32/8 00 30
Fax 0 63 32/80 03 19
www.rak-zw.de

Rechtsanwaltskammer Bamberg
Friedrichstr. 7
96047 Bamberg
Tel. 09 51/98 62 00
www.rakba.de

Rechtsanwaltskammer bei dem Bundesgerichtshof
Herrenstr. 45 a
76133 Karlsruhe
Tel. 07 21/2 26 56
Fax 07 21/2 03 14 03
www.rak-bgh.de

Rechtsanwaltskammer Berlin
Littenstr. 9
10179 Berlin
Tel. 0 30/3 06 93 10
Fax 0 30/30 69 31 99
www.rak-berlin.de

Rechtsanwaltskammer des Landes Sachsen-Anhalt
Gerhart-Hauptmann-Str. 5
39108 Magdeburg
Tel. 03 91/2 52 72 10
Fax 03 91/2 52 72 03
www.rak-sachsen-anhalt.de

Rechtsanwaltskammer des Saarlandes
Am Schlossberg 5
66119 Saarbrücken
Tel. 06 81/58 82 80
Fax 06 81/58 10 47
www.rak-saar.de

Rechtsanwaltskammer Düsseldorf
Freiligrathstr. 25
40479 Düsseldorf
Tel. 02 11/49 50 20
Fax 02 11/4 95 02 28
www.rechtsanwaltskammer-duessel
dorf.de

Rechtsanwaltskammer Frankfurt

Bockenheimer Anlage 36
60322 Frankfurt a. M.
Tel. 0 69/17 00 98 01
Fax 0 69/17 00 98 50
www.rechtsanwaltskammer-ffm.de

Rechtsanwaltskammer Freiburg

Gartenstr. 21
79098 Freiburg
Tel. 07 61/3 25 63
Fax 07 61/28 62 61
www.rechtsanwaltskammer-freiburg.de

Rechtsanwaltskammer für den Oberlandesgerichtsbezirk Braunschweig

Bruchtorwall 12
38100 Braunschweig
Tel. 05 31/12 33 50
Fax 05 31/1 23 35 66
www.rak-braunschweig.de

Rechtsanwaltskammer für den Oberlandesgerichtsbezirk Celle

Bahnhofstr. 5
29221 Celle
Tel. 0 51 41/9 28 20
Fax 0 51 41/92 82 42
www.rakcelle.de

Rechtsanwaltskammer für den Oberlandesgerichtsbezirk Hamm

Ostenallee 18
59063 Hamm
Tel. 0 23 81/98 50 00
Fax 0 23 81/98 50 50
www.rak-hamm.de

Rechtsanwaltskammer für den Oberlandesgerichtsbezirk München

Tal 33
80331 München
Tel. 0 89/5 32 94 40
Fax 0 89/53 29 44 28
www.rak-muenchen.de

Rechtsanwaltskammer für den Oberlandesgerichtsbezirk Oldenburg

Staugraben 5
26122 Oldenburg
Tel. 04 41/92 54 30
Fax 04 41/9 25 43 29
www.rak-oldenburg.de

Rechtsanwaltskammer Karlsruhe

Reinhold-Frank-Str. 72
76133 Karlsruhe
Tel. 07 21/2 53 40
Fax 07 21/2 66 27
www.rak-karlsruhe.de

Rechtsanwaltskammer Kassel

Karthäuserstr. 5a
34117 Kassel
Tel. 05 61/1 20 21
Fax 05 61/78 80 98 11
www.rechtsanwaltskammer-kassel.de

Rechtsanwaltskammer Köln

Riehler Str. 30
50668 Köln
Tel. 02 21/9 73 01 00
Fax 02 21/97 30 10 50
www.rak-koeln.de

Rechtsanwaltskammer Koblenz

Rheinstr. 24
56068 Koblenz
Tel. 02 61/30 33 50
Fax 02 61/3 03 35 22
www.rakko.de

Rechtsanwaltskammer Mecklenburg-Vorpommern

Arsenalstr. 9
19053 Schwerin
Tel. 03 85/5 11 96 00
Fax 03 85/51 19 60 99
www.rak-mv.de

Rechtsanwaltskammer Nürnberg

Fürther Str. 115
90429 Nürnberg
Tel. 09 11/92 63 30
Fax 09 11/9 26 33 33
www.rak-nbg.de

Rechtsanwaltskammer Sachsen

Glacisstr. 6
01099 Dresden
Tel. 03 51/31 85 90
Fax 03 51/3 36 08 99
www.rak-sachsen.de

Rechtsanwaltskammer Stuttgart

Königstr. 14
70173 Stuttgart
Tel. 07 11/2 22 15 50
Fax 07 11/22 21 55 11
www.rak-stuttgart.de

Rechtsanwaltskammer Thüringen

Bahnhofstr. 46
99084 Erfurt
Tel. 03 61/65 48 80
Fax 03 61/6 54 88 20
www.rak-thueringen.de

Rechtsanwaltskammer Tübingen

Christophstr. 30
72072 Tübingen
Tel. 0 70 71/7 93 69 10
Fax 0 70 71/7 93 69 11
www.rak-tuebingen.de

Schleswig-Holsteinische Rechtsanwaltskammer

Gottorfstr. 13
24837 Schleswig
Tel. 0 46 21/9 39 10
www.rak-sh.de

Wolters Kluwer Deutschland GmbH

Luxemburger Str. 449
50939 Köln
Tel. 02 21/9 43 73 70 00
Fax 02 21/9 43 73 72 01
www.anwalt24.de

Register

Impressum

© 2014 Stiftung Warentest, Berlin

Stiftung Warentest
Lützowplatz 11–13
10785 Berlin
Telefon 0 30/26 31–0
Fax 0 30/26 31–25 25
www.test.de
email@stiftung-warentest.de

USt.-IdNr.: DE136725570

Vorstand: Hubertus Primus
Weitere Mitglieder der Geschäftsleitung:
Dr. Holger Brackemann, Daniel Gläser

Programmleitung: Niclas Dewitz
Autorinnen: Ruth Bohnenkamp, Simone Weidner
Redaktion: Simone Weidner (verantwortlich), Katharina Henrich, Christoph Herrmann, Aline Klett, Sophie Mecchia, Isabelle Modler, Manuela Tomic, Marion Weitemeier
Projektleitung/Lektorat: Ursula Rieth
Mitarbeit im Lektorat: Karsten Treber
Korrektorat: Christoph Nettersheim
Fachliche Unterstützung: Rechtsanwältin Petra Vetter, Stuttgart
Titelentwurf: Susann Unger, Berlin
Layout: Martina Römer, Berlin
Illustrationen: Martina Römer, Anke Dessin
Bildnachweis: plainpicture/Ableimages (Titel)
Produktion: Vera Göring
Verlagsherstellung: Rita Brosius (Ltg.), Susanne Beeh
Litho: tiff.any, Berlin
Druck: KonradinHeckel, Heckel GmbH, Nürnberg

ISBN: 978-3-86851-360-8

Service

Alle Formulare können Sie
auch kostenlos online ausfüllen.
Sie finden sie unter
**www.test.de/
formulare-vorsorgeset**

Formulare
zum Heraustrennen

Vorsorgevollmacht

Die Vorsorgevollmacht umfasst 4 Blätter.
Sie erhalten 2 Exemplare.

Innenverhältnisregelung

Die Innenverhältnisregelung umfasst 3 Blätter.
Sie erhalten 2 Exemplare.

Betreuungsverfügung

Die Betreuungsverfügung umfasst 2 Blätter.
Sie erhalten 1 Exemplar.

Patientenverfügung

Die Patientenverfügung umfasst 6 Blätter.
Sie erhalten 1 Exemplar.

Deckblatt für den Notfallordner

Sie erhalten 1 Exemplar.

Vorsorgevollmacht

Ich,

_____

(ggf. Titel) Vorname Name (im Folgenden: Vollmachtgeber/in)

_____

Geburtsdatum   Geburtsort

_____

Straße Hausnummer, Postleitzahl Ort

_____

Telefon   Fax   E-Mail-Adresse

bevollmächtige hiermit:

_____

(ggf. Titel) Vorname Name (im Folgenden: Bevollmächtigte/r)

_____

Geburtsdatum   Geburtsort

_____

Straße Hausnummer, Postleitzahl Ort

_____

Telefon   Fax   E-Mail-Adresse

Er/Sie vertritt mich in folgenden Angelegenheiten:

1. Gesundheit

Ja   Nein   1.1 Ich entbinde Ärzte und sonstige Mitarbeiter von Praxen und Krankenhäusern von ihrer
☐   ☐   Schweigepflicht gegenüber dem/der Bevollmächtigten. Er/Sie soll und darf alle mich
               betreffenden Krankenunterlagen einsehen und die Übermittlung an Dritte bewilligen.

Ja   Nein   1.2 Der/Die Bevollmächtigte darf mich gegenüber Ärzten, Praxen und Krankenhäusern
☐   ☐   vertreten und über alle Fragen zu Gesundheit und Behandlung entscheiden.

_____

Datum, Unterschrift Vollmachtgeber/in für Blatt 1 von 4

Ja ☐ Nein ☐ 1.3 Er / Sie darf auch in ärztliche Behandlungen und Untersuchungen einwilligen, wenn diese oder mögliche Komplikationen lebensgefährlich sind oder schwere und / oder dauerhafte Gesundheitsschäden drohen. Ebenso darf er / sie die Einwilligung in solche Behandlungen verweigern oder widerrufen. Das gilt auch für das Unterlassen oder Beenden lebensverlängernder oder -erhaltender Maßnahmen (§1904 Abs. 1 und Abs. 2 BGB.)

Ja ☐ 1.4 Er / Sie soll dabei meinen in der Patientenverfügung niedergelegten Willen durchsetzen.

2. Pflege

Ja ☐ Nein ☐ Der / Die Bevollmächtigte darf mich gegenüber Pflegern und Pflegeeinrichtungen vertreten. Er / Sie darf über alle Einzelheiten ambulanter oder stationärer Pflege entscheiden.

3. Freiheitsbeschränkung

Ja ☐ Nein ☐ 3.1 Der / Die Bevollmächtigte darf über die Unterbringung mit Freiheitsentzug und über Freiheitsbeschränkungen wie Bettgitter, Fixierungen, Ruhigstellung mit Medikamenten entscheiden (§1906 Abs. 1 und Abs. 4 BGB).

Ja ☐ Nein ☐ 3.2 Die Vollmacht umfasst auch die Befugnis, in die Durchführung einer ärztlichen Maßnahme gegen den natürlichen Willen des Vollmachtgebers (ärztliche Zwangsmaßnahme nach §1906 Abs. 3 BGB) einzuwilligen.

4. Wohnung / Aufenthalt

Ja ☐ Nein ☐ 4.1 Der / Die Bevollmächtigte darf bestimmen, wo ich mich aufhalte.

Ja ☐ Nein ☐ 4.2 Er / Sie darf alle Rechte und Pflichten aus dem Mietvertrag über meine Wohnung bis hin zur Kündigung und Neuanmietung wahrnehmen.

Ja ☐ Nein ☐ 4.3 Er / Sie darf den Haushalt auflösen.

Ja ☐ Nein ☐ 4.4 Er / Sie darf auch einen Heimvertrag für mich abschließen und wieder kündigen.

5. Behörden

Ja ☐ Nein ☐ Der / Die Bevollmächtigte darf mich gegenüber allen Behörden einschließlich der Finanzämter, Renten- und Sozialversicherungsträger vertreten und ist berechtigt, Zustellungen und Leistungen entgegenzunehmen, Anträge zu stellen und Widerspruch oder Einspruch zu erheben.

Datum, Unterschrift Vollmachtgeber/in für Blatt 2 von 4

6. Justiz

Ja   Nein   Der/Die Bevollmächtigte darf und soll mich gegenüber allen Gerichten vertreten und alle
☐   ☐   Prozessrechte und -pflichten wahrnehmen. Er/Sie darf Rechtsanwälte zur Wahrnehmung meiner Interessen beauftragen. Diese und ihre Mitarbeiter entbinde ich von der Schweigepflicht gegenüber dem/der Bevollmächtigten.

7. Kommunikation

Ja   Nein   7.1 Der/Die Bevollmächtigte darf alle an mich gerichteten Briefe und Postsendungen
☐   ☐   annehmen und öffnen, auch wenn sie mit dem Vermerk „Eigenhändig" oder „Persönlich" versehen sind.

Ja   Nein   7.2 Er/Sie darf meine Handy-, Telefon-, Internet- und Fernsehverträge kündigen sowie neue
☐   ☐   Verträge abschließen. Er/Sie darf auf alle im Zusammenhang mit der Nutzung gespeicherten Daten zugreifen sowie sie ändern und löschen (lassen).

Ja   Nein   7.3 Er/Sie darf auf alle Daten zugreifen, sie ändern und löschen, die bei der Nutzung des
☐   ☐   Internets einschließlich sozialer Netzwerke, E-Mail und ähnlicher Angebote gespeichert wurden.

8. Versicherungen

Ja   Nein   8.1 Der/Die Bevollmächtigte darf die Rechte und Pflichten aus meinen Versicherungsver-
☐   ☐   trägen wahrnehmen.

Ja   Nein   8.2 Er/Sie darf die Verträge auch kündigen und neue abschließen.
☐   ☐

9. Banken und Sparkassen

Ja   Nein   9.1 Der/Die Bevollmächtigte darf mich gegenüber allen Banken, Sparkassen, Fondsgesell-
☐   ☐   schaften, Wertpapierdienstleistern und ähnlichen Unternehmen vertreten. Er/Sie darf auch Konten, Depots und ähnliche Verträge kündigen, neu eröffnen und abschließen.

Ja   Nein   9.2 Er/Sie ist berechtigt, bestehende Kontovollmachten zu widerrufen.
☐   ☐

Ja   Nein   9.3 Ich habe die Bevollmächtigung zusätzlich auf dem von meiner Bank dafür
☐   ☐   vorgesehenen Formular erteilt.

10. Vermögen

Ja   Nein   10.1 Der/Die Bevollmächtigte darf und soll mein Vermögen verwalten. Er/Sie ist be-
☐   ☐   rechtigt, Erklärungen aller Art abzugeben, insbesondere über bewegliche und unbewegliche Vermögensgegenstände zu verfügen, diese zu veräußern oder neu zu erwerben.

Ja   Nein   10.2 Er/Sie darf Schenkungen nur vornehmen, soweit sie einer sittlichen Pflicht oder einer
☐   ☐   auf den Anstand zu nehmenden Rücksicht entsprechen und sie einem Betreuer rechtlich gestattet sind.

11. Einschränkungen

Der/Die Bevollmächtigte darf mich in folgenden Angelegenheiten nicht vertreten:

_____

_____

_____

_____

_____

12. Untervollmacht

Ja Nein

☐ ☐ Der/Die Bevollmächtigte darf für die Wahrnehmung einzelner Angelegenheiten einen Unterbevollmächtigten benennen. Untervollmacht darf auch an Rechtsanwälte, Steuerberater und Notare sowie deren Angestellte erteilt werden.

13. Dauer der Bevollmächtigung

Ja Nein

☐ ☐ Diese Vollmacht ist so lange wirksam, bis ich sie widerrufe. Sie bleibt auch wirksam, wenn ich geschäftsunfähig werden sollte. Sie soll auch nach meinem Tod in Kraft bleiben, bis mein/e Erbe/n die Vollmacht widerruft/widerrufen.

14. Betreuung

Ja Nein

☐ ☐ 14.1 Die Vollmacht soll die gerichtliche Anordnung einer Betreuung verhindern. Für den Fall, dass das Gericht eine Betreuung dennoch einrichten muss, soll der/die genannte Bevollmächtigte als Betreuer bestellt werden.

Ja Nein

☐ ☐ 14.2 Ich habe zusätzlich eine Betreuungsverfügung verfasst.

Unterschriften

_____
Vollmachtgeber/in, Ort, Datum, Unterschrift

_____
Bevollmächtigte/r, Ort, Datum, Unterschrift

_____
Datum, Unterschrift Vollmachtgeber/in für Blatt 4 von 4

Vorsorgevollmacht

Ich,

_____

(ggf. Titel) Vorname Name (im Folgenden: Vollmachtgeber/in)

_____

Geburtsdatum   Geburtsort

_____

Straße Hausnummer, Postleitzahl Ort

_____

Telefon   Fax   E-Mail-Adresse

bevollmächtige hiermit:

_____

(ggf. Titel) Vorname Name (im Folgenden: Bevollmächtigte/r)

_____

Geburtsdatum   Geburtsort

_____

Straße Hausnummer, Postleitzahl Ort

_____

Telefon   Fax   E-Mail-Adresse

Er/Sie vertritt mich in folgenden Angelegenheiten:

1. Gesundheit

Ja   Nein   1.1 Ich entbinde Ärzte und sonstige Mitarbeiter von Praxen und Krankenhäusern von ihrer
☐   ☐   Schweigepflicht gegenüber dem/der Bevollmächtigten. Er/Sie soll und darf alle mich
             betreffenden Krankenunterlagen einsehen und die Übermittlung an Dritte bewilligen.

Ja   Nein   1.2 Der/Die Bevollmächtigte darf mich gegenüber Ärzten, Praxen und Krankenhäusern
☐   ☐   vertreten und über alle Fragen zu Gesundheit und Behandlung entscheiden.

_____

Datum, Unterschrift Vollmachtgeber/in für Blatt 1 von 4

Ja ☐ Nein ☐ 1.3 Er/Sie darf auch in ärztliche Behandlungen und Untersuchungen einwilligen, wenn diese oder mögliche Komplikationen lebensgefährlich sind oder schwere und/oder dauerhafte Gesundheitsschäden drohen. Ebenso darf er/sie die Einwilligung in solche Behandlungen verweigern oder widerrufen. Das gilt auch für das Unterlassen oder Beenden lebensverlängernder oder -erhaltender Maßnahmen (§1904 Abs. 1 und Abs. 2 BGB.)

Ja ☐ 1.4 Er/Sie soll dabei meinen in der Patientenverfügung niedergelegten Willen durchsetzen.

2. Pflege

Ja ☐ Nein ☐ Der/Die Bevollmächtigte darf mich gegenüber Pflegern und Pflegeeinrichtungen vertreten. Er/Sie darf über alle Einzelheiten ambulanter oder stationärer Pflege entscheiden.

3. Freiheitsbeschränkung

Ja ☐ Nein ☐ 3.1 Der/Die Bevollmächtigte darf über die Unterbringung mit Freiheitsentzug und über Freiheitsbeschränkungen wie Bettgitter, Fixierungen, Ruhigstellung mit Medikamenten entscheiden (§1906 Abs. 1 und Abs. 4 BGB).

Ja ☐ Nein ☐ 3.2 Die Vollmacht umfasst auch die Befugnis, in die Durchführung einer ärztlichen Maßnahme gegen den natürlichen Willen des Vollmachtgebers (ärztliche Zwangsmaßnahme nach §1906 Abs. 3 BGB) einzuwilligen.

4. Wohnung/Aufenthalt

Ja ☐ Nein ☐ 4.1 Der/Die Bevollmächtigte darf bestimmen, wo ich mich aufhalte.

Ja ☐ Nein ☐ 4.2 Er/Sie darf alle Rechte und Pflichten aus dem Mietvertrag über meine Wohnung bis hin zur Kündigung und Neuanmietung wahrnehmen.

Ja ☐ Nein ☐ 4.3 Er/Sie darf den Haushalt auflösen.

Ja ☐ Nein ☐ 4.4 Er/Sie darf auch einen Heimvertrag für mich abschließen und wieder kündigen.

5. Behörden

Ja ☐ Nein ☐ Der/Die Bevollmächtigte darf mich gegenüber allen Behörden einschließlich der Finanzämter, Renten- und Sozialversicherungsträger vertreten und ist berechtigt, Zustellungen und Leistungen entgegenzunehmen, Anträge zu stellen und Widerspruch oder Einspruch zu erheben.

6. Justiz

Ja ☐ Nein ☐ Der / Die Bevollmächtigte darf und soll mich gegenüber allen Gerichten vertreten und alle Prozessrechte und -pflichten wahrnehmen. Er / Sie darf Rechtsanwälte zur Wahrnehmung meiner Interessen beauftragen. Diese und ihre Mitarbeiter entbinde ich von der Schweigepflicht gegenüber dem / der Bevollmächtigten.

7. Kommunikation

Ja ☐ Nein ☐ 7.1 Der / Die Bevollmächtigte darf alle an mich gerichteten Briefe und Postsendungen annehmen und öffnen, auch wenn sie mit dem Vermerk „Eigenhändig" oder „Persönlich" versehen sind.

Ja ☐ Nein ☐ 7.2 Er / Sie darf meine Handy-, Telefon-, Internet- und Fernsehverträge kündigen sowie neue Verträge abschließen. Er / Sie darf auf alle im Zusammenhang mit der Nutzung gespeicherten Daten zugreifen sowie sie ändern und löschen (lassen).

Ja ☐ Nein ☐ 7.3 Er / Sie darf auf alle Daten zugreifen, sie ändern und löschen, die bei der Nutzung des Internets einschließlich sozialer Netzwerke, E-Mail und ähnlicher Angebote gespeichert wurden.

8. Versicherungen

Ja ☐ Nein ☐ 8.1 Der / Die Bevollmächtigte darf die Rechte und Pflichten aus meinen Versicherungsverträgen wahrnehmen.

Ja ☐ Nein ☐ 8.2 Er / Sie darf die Verträge auch kündigen und neue abschließen.

9. Banken und Sparkassen

Ja ☐ Nein ☐ 9.1 Der / Die Bevollmächtigte darf mich gegenüber allen Banken, Sparkassen, Fondsgesellschaften, Wertpapierdienstleistern und ähnlichen Unternehmen vertreten. Er / Sie darf auch Konten, Depots und ähnliche Verträge kündigen, neu eröffnen und abschließen.

Ja ☐ Nein ☐ 9.2 Er / Sie ist berechtigt, bestehende Kontovollmachten zu widerrufen.

Ja ☐ Nein ☐ 9.3 Ich habe die Bevollmächtigung zusätzlich auf dem von meiner Bank dafür vorgesehenen Formular erteilt.

10. Vermögen

Ja ☐ Nein ☐ 10.1 Der / Die Bevollmächtigte darf und soll mein Vermögen verwalten. Er / Sie ist berechtigt, Erklärungen aller Art abzugeben, insbesondere über bewegliche und unbewegliche Vermögensgegenstände zu verfügen, diese zu veräußern oder neu zu erwerben.

Ja ☐ Nein ☐ 10.2 Er / Sie darf Schenkungen nur vornehmen, soweit sie einer sittlichen Pflicht oder einer auf den Anstand zu nehmenden Rücksicht entsprechen und sie einem Betreuer rechtlich gestattet sind.

11. Einschränkungen

Der/Die Bevollmächtigte darf mich in folgenden Angelegenheiten nicht vertreten:

_____

_____

_____

_____

_____

12. Untervollmacht

Ja ☐ Nein ☐ Der/Die Bevollmächtigte darf für die Wahrnehmung einzelner Angelegenheiten einen Unterbevollmächtigten benennen. Untervollmacht darf auch an Rechtsanwälte, Steuerberater und Notare sowie deren Angestellte erteilt werden.

13. Dauer der Bevollmächtigung

Ja ☐ Nein ☐ Diese Vollmacht ist so lange wirksam, bis ich sie widerrufe. Sie bleibt auch wirksam, wenn ich geschäftsunfähig werden sollte. Sie soll auch nach meinem Tod in Kraft bleiben, bis mein/e Erbe/n die Vollmacht widerruft/widerrufen.

14. Betreuung

Ja ☐ Nein ☐ 14.1 Die Vollmacht soll die gerichtliche Anordnung einer Betreuung verhindern. Für den Fall, dass das Gericht eine Betreuung dennoch einrichten muss, soll der/die genannte Bevollmächtigte als Betreuer bestellt werden.

Ja ☐ Nein ☐ 14.2 Ich habe zusätzlich eine Betreuungsverfügung verfasst.

Unterschriften

_____

Vollmachtgeber/in, Ort, Datum, Unterschrift

_____

Bevollmächtigte/r, Ort, Datum, Unterschrift

_____

Datum, Unterschrift Vollmachtgeber/in für Blatt 4 von 4

Innenverhältnisregelung zwischen Vollmachtgeber und Bevollmächtigtem

Nachfolgende Vereinbarung regelt die Anwendung der Vorsorgevollmacht des/der

_____ (im Nachfolgenden Vollmachtgeber genannt)

vom _____ (Datum der Vorsorgevollmacht)

im Innenverhältnis zwischen dem Vollmachtgeber und dem/der Bevollmächtigten (im Nachfolgenden Bevollmächtigter genannt). Die im Außenverhältnis uneingeschränkt gültige Vollmacht darf der Bevollmächtigte nur in dem nachfolgend angekreuzten und ausgefüllten Umfang nutzen.

1. Beginn der Vertretung

☐ 1.1 Der Bevollmächtigte verpflichtet sich gegenüber dem Vollmachtgeber, von der Vollmacht allein in dessen Interesse und zu dessen Wohlergehen und nur dann Gebrauch zu machen, wenn der Vollmachtgeber vorübergehend oder auf Dauer nicht selbst in der Lage ist, seine Angelegenheiten zu regeln.

☐ 1.2 Der Eintritt einer Entscheidungsunfähigkeit und/oder Geschäftsunfähigkeit muss durch ärztliches Attest festgestellt werden.

2. Mehrere Bevollmächtigte

☐ 2.1 Der Bevollmächtigte

_____

(Vorname Name, Geburtsdatum, Geburtsort)

soll primär alle Aufgaben als Bevollmächtigter wahrnehmen.
Erst wenn er nicht mehr in der Lage ist, die Vollmacht auszuüben, oder Unterstützung wünscht, soll der Bevollmächtigte

_____

(Vorname Name, Geburtsdatum, Geburtsort)

an seiner Stelle handeln.

☐ 2.2 Der Bevollmächtigte

_____

(Vorname Name, Geburtsdatum, Geburtsort)

soll sich ausschließlich um die finanziellen Angelegenheiten des Vollmachtgebers kümmern.

☐ Der Bevollmächtigte

_____

(Vorname Name, Geburtsdatum, Geburtsort)

soll den Vollmachtgeber in allen persönlichen Angelegenheiten vertreten, insbesondere in Gesundheitsfragen.

_____

Datum, Unterschrift Vollmachtgeber/in für Blatt 1 von 3

☐ Bei Überschneidungen der Aufgaben oder Unstimmigkeiten soll abschließend der Bevollmächtigte

_____

(Vorname Name, Geburtsdatum, Geburtsort)

die Entscheidung treffen.

☐ 2.3 Die Bevollmächtigten sind nicht berechtigt, ihre Vollmachten gegenseitig zu widerrufen.

3. Gesundheitsangelegenheiten und Pflege

☐ 3.1 Der Bevollmächtigte muss bei Vertretung in medizinischen Angelegenheiten die Vorstellungen des Vollmachtgebers berücksichtigen. Der in einer Patientenverfügung niedergelegte Wille ist zu beachten und – notfalls mit gerichtlicher Hilfe – gegenüber Ärzten und Pflegeheimen durchzusetzen.

☐ 3.2 Das Einkommen und Vermögen des Vollmachtgebers sind für die bestmögliche Pflege einzusetzen, auch über die Grenzen der gesetzlichen Unterhaltspflicht hinaus.

☐ 3.3 Der Bevollmächtigte soll sicherstellen, dass der Vollmachtgeber sein Leben möglichst bei weitgehender Eigenständigkeit in seiner vertrauten Umgebung realisieren kann.

☐ 3.4 Bei Bedarf soll der folgende Pflegedienst beauftragt werden:

_____

_____

Name, Adresse, Telefon, E-Mail-Adresse

☐ 3.5 Sollte eine ambulante Pflege nicht (mehr) möglich sein, sollen die Bevollmächtigten den Vollmachtgeber möglichst in folgender Einrichtung unterbringen:

_____

_____

Name, Adresse, Telefon, E-Mail-Adresse

4. Finanzen und Geschenke

☐ 4.1 Der Bevollmächtigte soll aus dem Einkommen des Vollmachtgebers folgende (regelmäßige) Zahlungen und / oder Geldzuwendungen an folgende Personen vornehmen:

_____

_____

_____

(Betrag, Person, Grund, Häufigkeit)

_____

Datum, Unterschrift Vollmachtgeber/in für Blatt 2 von 3

☐ 4.2 Der Bevollmächtigte soll für seine Tätigkeit eine pauschale Aufwandsentschädigung in Höhe von _____ Euro pro Monat aus dem Einkommen des Vollmachtgebers erhalten.

5. Sonstige Regelungen

_____

_____

_____

_____

_____

_____

_____

Unterschriften

Vollmachtgeber

_____

Vorname Name, Geburtsdatum und Geburtsort

_____

Ort, Datum, Unterschrift

Bevollmächtigter

_____

Vorname Name, Geburtsdatum und Geburtsort

_____

Ort, Datum, Unterschrift

Bevollmächtigter

_____

Vorname Name, Geburtsdatum und Geburtsort

_____

Ort, Datum, Unterschrift

_____

Datum, Unterschrift Vollmachtgeber/in für Blatt 3 von 3

Innenverhältnisregelung zwischen Vollmachtgeber und Bevollmächtigtem

Nachfolgende Vereinbarung regelt die Anwendung der Vorsorgevollmacht des/der

_____ (im Nachfolgenden Vollmachtgeber genannt)

vom _____ (Datum der Vorsorgevollmacht)

im Innenverhältnis zwischen dem Vollmachtgeber und dem/der Bevollmächtigten (im Nachfolgenden Bevollmächtigter genannt). Die im Außenverhältnis uneingeschränkt gültige Vollmacht darf der Bevollmächtigte nur in dem nachfolgend angekreuzten und ausgefüllten Umfang nutzen.

1. Beginn der Vertretung

☐ 1.1 Der Bevollmächtigte verpflichtet sich gegenüber dem Vollmachtgeber, von der Vollmacht allein in dessen Interesse und zu dessen Wohlergehen und nur dann Gebrauch zu machen, wenn der Vollmachtgeber vorübergehend oder auf Dauer nicht selbst in der Lage ist, seine Angelegenheiten zu regeln.

☐ 1.2 Der Eintritt einer Entscheidungsunfähigkeit und/oder Geschäftsunfähigkeit muss durch ärztliches Attest festgestellt werden.

2. Mehrere Bevollmächtigte

☐ 2.1 Der Bevollmächtigte

_____

(Vorname Name, Geburtsdatum, Geburtsort)

soll primär alle Aufgaben als Bevollmächtigter wahrnehmen.
Erst wenn er nicht mehr in der Lage ist, die Vollmacht auszuüben, oder Unterstützung wünscht, soll der Bevollmächtigte

_____

(Vorname Name, Geburtsdatum, Geburtsort)

an seiner Stelle handeln.

☐ 2.2 Der Bevollmächtigte

_____

(Vorname Name, Geburtsdatum, Geburtsort)

soll sich ausschließlich um die finanziellen Angelegenheiten des Vollmachtgebers kümmern.

☐ Der Bevollmächtigte

_____

(Vorname Name, Geburtsdatum, Geburtsort)

soll den Vollmachtgeber in allen persönlichen Angelegenheiten vertreten, insbesondere in Gesundheitsfragen.

_____

Datum, Unterschrift Vollmachtgeber/in für Blatt 1 von 3

☐ Bei Überschneidungen der Aufgaben oder Unstimmigkeiten soll abschließend der Bevollmächtigte

_____

(Vorname Name, Geburtsdatum, Geburtsort)

die Entscheidung treffen.

☐ 2.3 Die Bevollmächtigten sind nicht berechtigt, ihre Vollmachten gegenseitig zu widerrufen.

3. Gesundheitsangelegenheiten und Pflege

☐ 3.1 Der Bevollmächtigte muss bei Vertretung in medizinischen Angelegenheiten die Vorstellungen des Vollmachtgebers berücksichtigen. Der in einer Patientenverfügung niedergelegte Wille ist zu beachten und – notfalls mit gerichtlicher Hilfe – gegenüber Ärzten und Pflegeheimen durchzusetzen.

☐ 3.2 Das Einkommen und Vermögen des Vollmachtgebers sind für die bestmögliche Pflege einzusetzen, auch über die Grenzen der gesetzlichen Unterhaltspflicht hinaus.

☐ 3.3 Der Bevollmächtigte soll sicherstellen, dass der Vollmachtgeber sein Leben möglichst bei weitgehender Eigenständigkeit in seiner vertrauten Umgebung realisieren kann.

☐ 3.4 Bei Bedarf soll der folgende Pflegedienst beauftragt werden:

_____

_____

Name, Adresse, Telefon, E-Mail-Adresse

☐ 3.5 Sollte eine ambulante Pflege nicht (mehr) möglich sein, sollen die Bevollmächtigten den Vollmachtgeber möglichst in folgender Einrichtung unterbringen:

_____

_____

Name, Adresse, Telefon, E-Mail-Adresse

4. Finanzen und Geschenke

☐ 4.1 Der Bevollmächtigte soll aus dem Einkommen des Vollmachtgebers folgende (regelmäßige) Zahlungen und / oder Geldzuwendungen an folgende Personen vornehmen:

_____

_____

_____

_____

(Betrag, Person, Grund, Häufigkeit)

_____

Datum, Unterschrift Vollmachtgeber/in für Blatt 2 von 3

☐ 4.2 Der Bevollmächtigte soll für seine Tätigkeit eine pauschale Aufwandsentschädigung in Höhe von _____ Euro pro Monat aus dem Einkommen des Vollmachtgebers erhalten.

5. Sonstige Regelungen

_____

_____

_____

_____

_____

_____

_____

Unterschriften

Vollmachtgeber

_____

Vorname Name, Geburtsdatum und Geburtsort

_____

Ort, Datum, Unterschrift

Bevollmächtigter

_____

Vorname Name, Geburtsdatum und Geburtsort

_____

Ort, Datum, Unterschrift

Bevollmächtigter

_____

Vorname Name, Geburtsdatum und Geburtsort

_____

Ort, Datum, Unterschrift

_____

Datum, Unterschrift Vollmachtgeber/in für Blatt 3 von 3

Betreuungsverfügung

Für den Fall, dass ich,

_____

(ggf. Titel) Vorname Name

_____

Geburtsdatum   Geburtsort

_____

Straße Hausnummer, Postleitzahl Ort

_____

Telefon   Fax   E-Mail-Adresse

wegen Krankheit, Behinderung, den Folgen eines Unfalls oder anderen Umständen in die Lage gerate, mich nicht mehr selbst um meine Angelegenheiten kümmern zu können, und deshalb ein Betreuer als gesetzlicher Vertreter zu bestellen ist, schlage ich vor, zum Betreuer/zur Betreuerin zu bestellen:

_____

(ggf. Titel) Vorname Name

_____

Geburtsdatum   Geburtsort

_____

Straße Hausnummer, Postleitzahl Ort

_____

Telefon   Fax   E-Mail-Adresse

oder

_____

(ggf. Titel) Vorname Name

_____

Geburtsdatum   Geburtsort

_____

Straße Hausnummer, Postleitzahl Ort

_____

Telefon   Fax   E-Mail-Adresse

_____

Datum, Unterschrift Verfügende/r für Blatt 1 von 2

Folgende Person/en lehne ich als Betreuer ab:

_____

(ggf. Titel) Vorname Name

_____

Geburtsdatum   Geburtsort

_____

Straße Hausnummer, Postleitzahl Ort

und

_____

(ggf. Titel) Vorname Name

_____

Geburtsdatum   Geburtsort

_____

Straße Hausnummer, Postleitzahl Ort

Sollte ich eine Patientenverfügung haben, muss der/die Betreuer/in dafür sorgen, dass ich entsprechend behandelt werde.

Unterschrift

_____

Ort, Datum, Unterschrift Verfügende/r

Zeuge/Zeugin

_____

(ggf. Titel) Vorname Name

_____

Geburtsdatum   Geburtsort

_____

Straße Hausnummer, Postleitzahl Ort

Ich bestätige hiermit, dass der/die Verfügende die Regelung im Bewusstsein ihrer Bedeutung vorgenommen hat und dabei keine Zweifel an seiner/ihrer Geschäftsfähigkeit bestanden haben.

_____

Zeuge/Zeugin, Ort, Datum, Unterschrift

_____

Datum, Unterschrift Verfügende/r für Blatt 2 von 2

Patientenverfügung

Wenn ich,

_____

(ggf. Titel) Vorname Name

_____

Geburtsdatum   Geburtsort

_____

Straße Hausnummer, Postleitzahl Ort

zur Willensbildung oder verständlichen Äußerung meines Willens nicht mehr in der Lage bin, sollen Ärzte und Pfleger mich entsprechend der nachfolgenden Verfügung behandeln und pflegen.

1. In Todesnähe

Zutreffendes habe ich angekreuzt, nicht zutreffende Zeile(n) durchgestrichen

Wenn ich mich aller Wahrscheinlichkeit nach in einem nicht mehr abwendbaren Sterbeprozess befinde, verlange ich,

☐ 1.1 auf Maßnahmen zu verzichten, die bloß den Eintritt des Todes verzögern,

☐ 1.2 bei einem Herz-Kreislauf-Stillstand keine Wiederbelebungsmaßnahmen zu ergreifen,

☐ 1.3 mich nicht künstlich zu ernähren,

☐ 1.4 mich nicht künstlich zu beatmen,

☐ 1.5 die künstliche Zufuhr von Flüssigkeit nach dem Ermessen der Ärzte zu verringern,

☐ 1.6 durch Mundpflege, Erhöhung der Luftfeuchtigkeit und ähnliche Maßnahmen das Durstgefühl zu stillen,

☐ 1.7 Luftnot, Schmerzen, Angst, Unruhe, Erbrechen und anderen Krankheitserscheinungen entgegenzuwirken und mir dazu geeignete Medikamente zu geben, auch wenn dies die Lebenszeit unter Umständen verkürzt.

_____

Datum, Unterschrift Verfügende/r für Blatt 1 von 6

2. Bei unheilbarer Krankheit im Endstadium

Wenn ich mich aller Wahrscheinlichkeit nach im Endstadium einer tödlich verlaufenden Krankheit befinde, verlange ich, auch wenn der Todeszeitpunkt noch nicht absehbar ist,

☐ 2.1 auf Maßnahmen zu verzichten, die bloß den tödlichen Verlauf meiner Erkrankung verzögern,

☐ 2.2 bei einem Herz-Kreislauf-Stillstand keine Wiederbelebungsmaßnahmen zu ergreifen,

☐ 2.3 mich nicht künstlich zu ernähren,

☐ 2.4 mich nicht künstlich zu beatmen,

☐ 2.5 die Zufuhr von Flüssigkeit nach dem Ermessen der Ärzte zu verringern,

☐ 2.6 durch Mundpflege, Erhöhung der Luftfeuchtigkeit und ähnliche Maßnahmen das Durstgefühl zu stillen,

☐ 2.7 Luftnot, Schmerzen, Angst, Unruhe, Erbrechen und anderen Krankheitserscheinungen entgegenzuwirken und mir dazu geeignete Medikamente zu geben, auch wenn dies die Lebenszeit unter Umständen verkürzt.

3. Bei Hirnschädigung

Wenn zwei in der Behandlung derartiger Fälle erfahrene Ärzte unabhängig voneinander zu dem Ergebnis kommen, dass ich wegen einer Gehirnschädigung etwa durch Unfall, Schlaganfall oder Entzündung oder infolge eines Herz-Kreislauf-Stillstands die Fähigkeit, bewusste Entscheidungen zu treffen und mit anderen Menschen in Kontakt zu treten, aller Wahrscheinlichkeit nach unwiederbringlich verloren habe, verlange ich die unten angekreuzten Maßnahmen, auch wenn nicht absehbar ist, wann ich sterben werde. Dies gilt auch, wenn nicht völlig auszuschließen ist, dass ich das Bewusstsein noch einmal wiedererlangen würde.

☐ 3.1 auf Maßnahmen zu verzichten, die bloß den Eintritt des Todes verzögern,

☐ 3.2 bei einem Herz-Kreislauf-Stillstand keine Wiederbelebungsmaßnahmen zu ergreifen,

☐ 3.3 mich nicht künstlich zu ernähren,

☐ 3.4 mich nicht künstlich zu beatmen,

☐ 3.5 die Zufuhr von Flüssigkeit nach dem Ermessen der Ärzte zu verringern,

☐ 3.6 durch Mundpflege, Erhöhung der Luftfeuchtigkeit und ähnliche Maßnahmen das Durstgefühl zu stillen,

☐ 3.7 Luftnot, Schmerzen, Angst, Unruhe, Erbrechen und anderen Krankheitserscheinungen entgegenzuwirken und mir dazu geeignete Medikamente zu geben, auch wenn dies die Lebenszeit unter Umständen verkürzt.

4. Bei Hirnabbau

Zutreffendes habe ich angekreuzt, nicht zutreffende Zeile(n) durchgestrichen

Wenn mein Gehirn durch Abbauprozesse wie etwa Demenz so weit beeinträchtigt ist, dass ich nicht mehr in der Lage bin, Nahrung und/oder Flüssigkeit auf natürlichem Weg zu mir zu nehmen, selbst mithilfe Dritter, verlange ich,

☐ 4.1 auf Maßnahmen zu verzichten, die bloß den Eintritt des Todes verzögern,

☐ 4.2 bei einem Herz-Kreislauf-Stillstand keine Wiederbelebungsmaßnahmen zu ergreifen,

☐ 4.3 mich nicht künstlich zu ernähren,

☐ 4.4 mich nicht künstlich zu beatmen,

☐ 4.5 die Zufuhr von Flüssigkeit nach dem Ermessen der Ärzte zu verringern,

☐ 4.6 durch Mundpflege, Erhöhung der Luftfeuchtigkeit und ähnliche Maßnahmen das Durstgefühl zu stillen,

☐ 4.7 Luftnot, Schmerzen, Angst, Unruhe, Erbrechen und anderen Krankheitserscheinungen entgegenzuwirken und mir dazu geeignete Medikamente zu geben, auch wenn dies die Lebenszeit unter Umständen verkürzt.

5. Organspende

Ja ☐   Nein ☐

Ich bin bereit zu Organspenden und habe einen Organspendeausweis. Es ist mir bewusst, dass Organe nur nach Feststellung des Hirntods entnommen werden können, wobei bis dahin der Kreislauf künstlich aufrechterhalten bleiben muss. Deshalb gestatte ich ausnahmsweise für den Fall, dass bei mir eine Organspende medizinisch infrage kommt, die kurzfristige (Stunden bis höchstens wenige Tage umfassende) Durchführung intensivmedizinischer Maßnahmen zur Bestimmung des Hirntods bis zur anschließenden Organentnahme.

6. Vorsorgevollmacht / Betreuung

Ja　　　Nein

☐　　　☐

6.1 Ich habe neben dieser Patientenverfügung eine Vorsorgevollmacht erteilt und den Inhalt meiner Patientenverfügung mit meinem/meiner Bevollmächtigten besprochen und ihm/ihr eine Kopie ausgehändigt:

_____

(ggf. Titel) Vorname Name

_____

Geburtsdatum　　　　　　　　　　Geburtsort

_____

Straße Hausnummer, Postleitzahl Ort

_____

Telefon　　　　　　　Fax　　　　　　　E-Mail-Adresse

und

_____

(ggf. Titel) Vorname Name

_____

Geburtsdatum　　　　　　　　　　Geburtsort

_____

Straße Hausnummer, Postleitzahl Ort

_____

Telefon　　　　　　　Fax　　　　　　　E-Mail-Adresse

Der/Die Bevollmächtigte ist verpflichtet, diese Patientenverfügung umzusetzen. Ich entbinde Ärzte, Krankenhäuser und Pflegeeinrichtungen den Bevollmächtigten gegenüber von ihrer Schweigepflicht.

Ja　　　Nein

☐　　　☐

6.2 Sofern das Betreuungsgericht einen Betreuer eingesetzt hat, ist dieser verpflichtet, die Verfügung umzusetzen.

7. Widerruf und Änderung

Diese Patientenverfügung gilt, bis ich sie widerrufe oder eine andere Patientenverfügung aufsetze.

_____

Datum, Unterschrift Verfügende/r für Blatt 4 von 6

8. Seelsorge und Beistand

Ja ☐ Nein ☐   Ich bin Mitglied der evangelischen Kirche und bitte um geistlichen Beistand.

Ja ☐ Nein ☐   Ich bin Mitglied der römisch-katholischen Kirche und bitte um geistlichen Beistand.

Ja ☐ Nein ☐   Ich bin Mitglied der folgenden Glaubensgemeinschaft und bitte um deren geistlichen Beistand:

_____

Ja ☐ Nein ☐   Ich bitte darum, bei einem Hospizverein um Beistand für mich nachzusuchen.

Ja ☐ Nein ☐   Ich wünsche eine Begleitung durch:

_____

9. Bei dieser Patientenverfügung wurde ich beraten von:

_____
(ggf. Titel) Vorname Name

_____
Geburtsdatum   Geburtsort

_____
Straße Hausnummer, Postleitzahl Ort

_____
Telefon   Fax   E-Mail-Adresse

Ich habe mit dem/der Verfügenden über seine/ihre Anweisungen für den Fall der oben in Punkt 1–4 genannten Erkrankungen gesprochen. Er/Sie war bei der Entscheidung über die Patientenverfügung bei klarem Bewusstsein und hat seinen/ihren Willen hier durchdacht und in Kenntnis der Konsequenzen geäußert.

_____
Ort, Datum, Unterschrift

_____
Datum, Unterschrift Verfügende/r für Blatt 5 von 6

10. Arzt meines Vertrauens ist:

_____

(ggf. Titel) Vorname Name

_____

Straße Hausnummer, Postleitzahl Ort

_____

Telefon   Fax   E-Mail-Adresse

11. Abschlusserklärung und Unterschrift

Ich habe diese Patientenverfügung nach reiflicher Überlegung und als Ausdruck meines Selbstbestimmungsrechts ausgefüllt.

_____

Ort, Datum, Unterschrift Verfasser/in der Patientenverfügung

Ich habe meine Patientenverfügung überprüft und bestätige ihre Gültigkeit:

_____

Ort, Datum   Unterschrift Verfasser/in der Patientenverfügung

_____

Ort, Datum   Unterschrift Verfasser/in der Patientenverfügung

_____

Ort, Datum   Unterschrift Verfasser/in der Patientenverfügung

_____

Ort, Datum   Unterschrift Verfasser/in der Patientenverfügung

_____

Datum, Unterschrift Verfügende/r für Blatt 6 von 6

Meine Vorsorgedokumente

_____

Name, Geburtsdatum, Geburtsort

Aufbewahrungsort für diesen Ordner ist: Genaue Beschreibung des Standorts, einschließlich Adresse

_____

Niemand soll ihn von dort wegnehmen; sofern nötig, können einzelne Dokumente wie die Vorsorgevollmacht entnommen werden. Sie sind unverzüglich nach Gebrauch wieder zurückzulegen.

Ja   Nein   Die Dokumente darin sind im Vorsorgeregister der Bundesnotarkammer (www.
☐   ☐   vorsorgeregister.de) registriert. Wird es nötig, den Aufbewahrungsort für den Ordner
               mit den Notfalldokumenten zu ändern, ist das Vorsorgeregister zu informieren.

Wenn der Aufbewahrungsort für die Dokumente geändert wird, sind zu informieren:

_____

Bevollmächtigte/r: Name, Adresse, Telefon

_____

Bevollmächtigte/r: Name, Adresse, Telefon

_____

Notar: Name, Adresse, Telefon

_____

Arzt meines Vertrauens: Name, Adresse, Telefon

Dieser Ordner enthält:

Vorsorgevollmacht vom

am	entnommen von:		zurückgelegt am:	

Innenverhältnisregelung vom

am	entnommen von:		zurückgelegt am:	

Betreuungsverfügung vom

am	entnommen von:		zurückgelegt am:	

Patientenverfügung vom

am	entnommen von:		zurückgelegt am:	

Falls Sie neue Formulare für die Änderung Ihrer Vorsorgedokumente benötigen:
www.test.de/formulare-vorsorgeset